中公新書 2633

光井　渉著

日本の歴史的建造物

社寺・城郭・近代建築の保存と活用

中央公論新社刊

はじめに

近年、歴史的建造物に対する興味や関心は急速に高まっている。

世界遺産である「古都京都の文化財」には国内外の観光客が訪れ、特に清水寺界隈《きよみずでらかいわい》や平等院《びょうどういん》は足の踏み場もないような混雑状況を呈している（図1）。また、金沢など各地に残る伝統的な町並みは、休日ともなると多くの人で賑《にぎ》わい、現代的な印象が強い東京や横浜・神戸でも、昭和初期以前の近代建築などがさまざまな形で活用され、人気を博している。洋館を背景に記念撮影し、古民家カフェで一服し、クラシックホテルに宿泊する、そうした楽しみは広く受け入れられている。

しかし、少し時を遡《さかのぼ》ってみるとどうだっただろうか。

高度経済成長期には、各地の古い町並みや農村の風景は危機的な状況となり、多くが失われた。まるでロンドンのようだと評された東京丸の内界隈の赤煉瓦《あかれんが》の建築群は、一九七〇年頃ま

図1　観光客が行き交う町並み（京都市産寧坂）.

でに完全に姿を消し、世界的建築家のフランク・ロイド・ライトが設計した有楽町《ゆうらくちょう》の旧帝国ホテルも取り壊された。赤煉瓦の東京駅舎の取り壊しが検討されたのは一九八七年の出来事で、さほど昔のことではない。それ以前、戦中・戦後にも数多くの歴史的建造物が失われていて、さらに明治初期まで遡ると、寺院や城郭の多くが破壊の危機に晒《さら》されていた。現在、世界遺産となっている奈良の興福寺《こうふくじ》や姫路《ひめじ》城も、まかり間違えば取り壊されていたのである。

現在でも歴史的建造物の破壊は続いている。しかし、破壊ではなく保存の道を選択するケースはかつてよりも格段に多くなっている。その理由は単純で、守るべき価値と魅力が発見され、それを多数の人が認めたからである。逆に言えば、そうした価値と魅力が認知されなければ、老朽化した歴史的建造物を取り壊していくのはある意味当然の出来事である。高度経済成長期に多くの民家や明治大正期の建築が失われたのも自然の流れであった。

歴史的建造物の価値や魅力は、不変で絶対的なものではない。具体的にどのような建造物に価値を見出《みいだ》し、何を保存しようとするかの判断は常に変化している。かつてはありふれたものとみなされていた街角の建造物に、ある日スポットライトが当たる、こうした現象こそ価値と魅力の発見であり、その積み重ねが現在の状況を創り出したものである。

本書の第一のテーマは、近代社会のなかで歴史的建造物の価値や魅力が発見され、守るべき対象が社寺や城郭から民家・近代建築、そして町並みや都市全体へと拡張を続けていった経緯を追っていくことにある。

絶え間ない産業化と都市化、そして政治的な変動が継続する近代社会では、各時期の社会の動きと連動するように、特定のタイプの建造物が破壊の対象となってしまう。しかし、その破壊が一定程度進むと、それまで見過ごされていた価値が新たに発見されて保存が開始される、という構図が繰り返し出現してきた。つまり、歴史的建造物という存在を発見したのも、それを破壊したのも保存したのも、全て近代という時代の現象ということができる。本書では、この繰り返された破壊と価値発見、そして保存に至る経緯を、建築学という近代学術分野が果たした役割とともに読み解いていきたい。

続いて本書では、発見された価値や魅力を維持していくための手段、具体的には修理に伴って発生した問題について考えてみたい。

絵画や彫刻などの美術品では、作品としての価値が認められれば、後世の人間が新たに手を加えて改造することは原則あり得ない。一方、建造物の場合は全く手を加えないで、長期間保ちつづけることは不可能である。日本列島の気候の下で修理を怠れば、木造建築は劣化して数十年で朽ち果ててしまうし、頑丈に思える西洋の石造建築でも定期的な修理を欠かすことはできない。

このように、建造物の維持には定期的な修理が必要不可欠であるが、修理を行えば形態や素材は大なり小なり必ず変化してしまう。また、建造物を長く使いつづけていこうとすれば、用途の変化に対応して改造を行うことも避けられない。こうして修理が長期間の間に何度も繰り返されると、建造物の姿は大きく変貌《へんぼう》してしまう。つまり歴史的建造物は改造と変形を繰り返してきた後の産物なのである。

歴史的建造物の価値発見の過程では、江戸時代までに蓄積された改変をどのように捉《とら》えるのか、そしてその上でどのように修理していくのかが極めて大きな問題となった。修理を契機として、一方では建設当初の姿を至上とする価値判断が生まれ、オリジナルへの復帰、すなわち「復元」が実施されるようになるが、他方では歴史による改変の積み重ねにこそ価値があるとする「現状維持」や「放置の美学」も主張された。この両極の間で、建築の文化的な価値に対する評価の議論は深化していったのである。

また近年では、歴史的建造物を使いつづけ「活用」していくために、現代建築と同じ水準の構造安全性や快適性、あるいは利便性を獲得するための修理が行われるようになってきているが、その場合、どこまでの改造が許容されるべきなのかという課題も顕在化している。これら修理と関連した価値の議論を、復元に焦点を当てて振り返ること、これが本書の第二のテーマである。

さらに、改造によって姿を変えた建築を当初の姿に戻す復元という思想は、一度完全に失われてしまった建造物の「再現」を生み出すことになる。

この再現という発想自体は古くからみられたが、戦災で焼失した天守閣の再建で採用されたことで大きなインパクトをもって受け入れられ、その発想は町並み保存などにも応用されて拡《ひろ》がり、二〇世紀末からは史跡の整備など各地で新たな段階に至っている。

一九九二年に建設された首里《しゅり》城正殿は、過去の状態に忠実に再現されたが、あくまでも平成の世に建設された現代建築であって、歴史的建造物ではない。しかし、二〇一九年に再び焼失した後の沖縄県民の反応は、いつでも再建可能な現代建築に対するものとは明らかに異なっていた。沖縄のシンボルとして、本物の歴史的建造物と同質のものとして受け止められていたのである。さらに、鉄筋コンクリート構造で一九五九年に再現された名古屋城天守閣は、その存在意義が広く認められつつも、木造による再度の再現を巡って紛糾している。

こうした再現建造物がなぜ出現し、どのような社会的な意味を有するのかについて検討していくこと、これが本書の第三のテーマである。

現在の日本では、戦後長く続いたスクラップアンドビルドが行き詰まり、膨大なストックとなる歴史的建造物の価値が次第に認知されるようになり、さらには面的な拡がりを見せる町並みや歴史的地区の保存・保全も追求されている。そのなかで、歴史的建造物を現代的な資産として活用していく試みは急速に普及しているのである。

老朽化した無価値な存在、あるいは観光の際に訪れる特別な存在から、生活圏内にあって豊かな日常の場となる存在への変貌は着実に進行している。その価値の転換点にある現在において、歴史的建造物に関する近代の思考を振り返ってみること、本書の最大の目的はここにある。

日本の歴史的建造物†目次

写真　出典を示したもの以外は著者撮影

日本の歴史的建造物

社寺・城郭・近代建築の保存と活用

第一章　歴史の発見

なぜ法隆寺は残ったのか

地震や台風などの自然災害が頻発《ひんぱつ》するにもかかわらず、日本列島には古い木造建造物が多数残されている。特に法隆寺西院《ほうりゅうじさいいん》の金堂《こんどう》・五重塔・中門・回廊は世界最古の木造建造物と考えられており、その他にも奈良時代、八世紀まで遡る建造物の総数は全国で二八棟にも及んでいる。一方、木造建造物の源流となった中国大陸では、八世紀に遡る可能性があるのは南禅寺《なんぜんじ》大殿のみで、朝鮮半島ではこの時期まで遡る木造建造物は確認されていない。

日本で多くの古い木造建造物が残存した背景には、異民族の侵入による大規模な戦争がなかったという側面も大きいが、建造物を管理する組織が維持継承され、定期的な修理が行われつづけたことが最大の理由であろう。

必要に応じて日常的に行われる補修、十年から数十年単位で行われる一般的な修理、百年から二百年に一度程度で行われる根本修理、この各段階を適切に実行することで、木造建造物の寿命は飛躍的に延びる。例えば、法隆寺金堂の場合、八世紀初頭に建設されてから現代に至るまで、大小合わせて約一五回の修理が行われたことが確認されていて、そのうち一六〇三年（慶長《けいちょう》八）に行われた修理は、外観が変化するような大がかりなものだった。

このように手間暇かけて古い建造物を維持してきているので、日本では古代から一貫して建造物の古さに価値を認め、尊重してきたように思える。事実、『日本文徳天皇実録《にほんもんとくてんのうじつろく》』の八五五年（斉衡《さいこう》二）の記事には、東大寺《とうだいじ》大仏の修理に関連して、「旧物」の修理によって得られる「功徳《くどく》」は「新造」よりも大きいと記していて、古い建造物を修理することの意味を強調している。しかし、これとは全く逆の現象も指摘できるので、問題は単純ではない。

大和《やまと》政権では、六九四年（持統《じとう》天皇八）に藤原京《ふじわらきょう》を建設するまで、天皇が代替りするたびに宮殿の全面的な建て替えを行っており、七世紀以降に限ってもその回数は一五回以上に及んでいる。また、二〇年ごとに社殿を建て替える伊勢《いせ》神宮のように、一定期間で新築と破却を繰り返す「式年造替《しきねんぞうたい》」制度も、いくつかの神社で確認できる。この式年造替については、地中に埋められた柱の耐久性に由来する改築、ないしは定期的な支援を獲得するためのスキームと考えることも可能ではあるが、新築の建造物が持つ清新さに価値を見出していたことは否めない。

以上のように、古代以来の日本文化のなかには、建造物の新しさを求めつつ、古い建造物も否定しない感覚が存在していたようである。しかも、実は建造物における新しさと古さの境界は微妙で、明快に線引きできるものではない。

前述したように、長く維持されてきた木造建造物は幾度となく修理を経験している。なかでも、柱や梁《はり》などの全ての材料を取り外して、補修を行った上で再び旧材料を用いて組み直す「解体修理」は、一度更地に戻して組み上げるので、その行為自体は新築と全く変わるところはない。事実、建設事業に際して作成される「棟札《むなふだ》」をみると、「造営」ないしは「修造」という表現が、解体修理と新築の双方で区別なく使用されており、大がかりな修理と新築との境界は曖昧《あいまい》であった。また、既存の建築を壊した際に生じる古材を転用して新築に用いることも一般的であったから、問題は一層複雑である。

実際のところ、古代から中世に至るまでの間で、古い建造物の価値を特段に高く評価していたとは考えにくい。同時に古いから壊すということもなく、使用に耐え、壊す必然性がなければ残すという態度が基本であった。式年造替の制度が成立する以前の伊勢神宮で、「随破《ずいは》修理」、すなわち破損したらその都度修理して使いつづける理念が確認できることは、こうした感覚の裏づけとなるだろう。

以上のように、日本には法隆寺に代表されるような古い建造物が他のアジア諸国よりも格段に残っているが、中世までの社会にあって、建造物の古さに特別な価値が見出されていたとはいえない。つまり「歴史的建造物」という存在は認知されていなかったのである。

古さの肯定——城郭

建造物の古さを肯定的に捉えて、意図的にその形態を維持しようとする感覚が出現したのは、戦国期から江戸時代に向かう時期であろう。この時期には、中世まで継承された価値観や社会システムが崩壊し、新たな社会秩序に合致した建造物が爆発的な勢いで建設されている。まさしく、破壊を経た後の大建設時代にあって、反作用のように古い建造物への評価が出現しているのである。

建造物の古さを肯定する感覚の萌芽《ほうが》はさまざまな事例で確認できるが、まず、古い建造物を意図的に維持していくことが制度として確実に行われていた「城郭」からみていこう。

近世城郭は、戦国大名の居住および防衛の拠点として構想されたもので、戦国期が終焉《しゅうえん》を迎える一六世紀末期には、高層の天守《てんしゅ》が聳《そび》える広大なものとなった。また、近世城郭の周辺は、武家地・町人地や寺社境内《けいだい》が計画的に配置された城下となり、そこから常に望見できる天守や大手門《おおてもん》等は、大名家と藩、そして城下全体のシンボルとなった。

近世城郭の建設は、一六世紀末期から一七世紀初頭に急ピッチで行われたが、一六一五年（慶長二〇＝元和《げんな》元）に突如《とつじょ》として終わりを告げている。豊臣《とよとみ》氏が大坂《おおさか》夏の陣で滅亡した直後の六月、新たな覇者となった徳川《とくがわ》氏が諸大名に向けて城郭の破却を命じたからである。このときの毛利《もうり》氏宛の書状には「貴殿御分国中、居城をば残し置かれ、その外の城は悉《ことごと》く破却これあるべきの旨」（『毛利氏四代実録考証』）とあり、一つの居城を除いて他を全て破却することを強制した内容が確認できる。

この「一国一城令」は、諸大名の防衛力削減を意図したものであるが、続く一六一五年七月の「武家諸法度」第六条には、

一 諸国の居城、修補を為すと雖《いえど》も、必ず言上すべし、況んや新儀の構営、堅く停止せしむる事、

とあって、居城一つへの制限に加えて、居城の「修補」の届け出を義務づけ、新規建設の停止を徹底している。これによって全国で約三千存在した城郭は十分の一近くまで減少したと推定されている。さらに、二年後の一六一七年（元和三）六月に改訂された「武家諸法度」には、

一 新義の城郭の構営は堅くこれを禁止す、居城の隍塁石壁以下、敗壊の時は、奉行所に達し、その旨を受くべきなり、櫓塀門等の分は、先規の如《ごと》く修補すべき事、

と記されて内容が詳細になり、城郭の新規建設禁止を徹底すると同時に、居城の隍《からぼり》・壘《とりで》・石壁を撤去する場合にも許可を求め、「先規の如く修補すべき事」、すなわち従来形式の保持が厳命されている。

これに背いたことが、一六一九年に広島藩主の福島正則《ふくしままさのり》が改易《かいえき》された事由とされており、恐れを抱いた諸藩大名の間に一国一城令と武家諸法度の規定が浸透したことは疑うべくもない。そして、この規定が城郭において建造物を保持していく原動力となったのである。

このように、わずかな変更も許さない城郭の厳格な維持継承は、幕府が強制して始まったものである。しかし、結果として保持されつづけた城郭の姿は、長い時間の経過のなかで大名家と藩、そして城下の象徴となり、そのプライドを視覚的に表現するものへと変貌した。長い時間をかけて育まれた城郭の意義は、現代まで継承される強固なものとなったのである。

茶室における古さの評価——燕庵

城郭の事例は多分に政治的・制度的な意味合いが強いが、茶室における古さへの肯定的感覚と評価は、深層的な美意識とも関連したものである。

古代に日本にもたらされた茶は、当初は医薬品として扱われ、室町時代には産地当ての「闘《とう》茶《ちゃ》」に用いられるなど、後世とは異なる存在であった。しかし、一五世紀の村田珠光《むらたじゅこう》、一六世紀の武野紹鷗《たけのじょうおう》を経て、千利休《せんのりきゅう》（一五二二〜九一）によって後に「侘《わ》び茶」と呼ばれる総合文化活動へと変化し、利休の没後にはその門人を中心に隆盛を極めた。

初期の侘び茶に関しては不確実な部分が多いが、村田珠光の発言と伝えられる「藁屋《わらや》に名馬を繋《つな》ぎたるが好し」や、利休の関与が確実視される茶室「待庵《たいあん》」（京都府大山崎町《おおやまざき》、国宝）の一

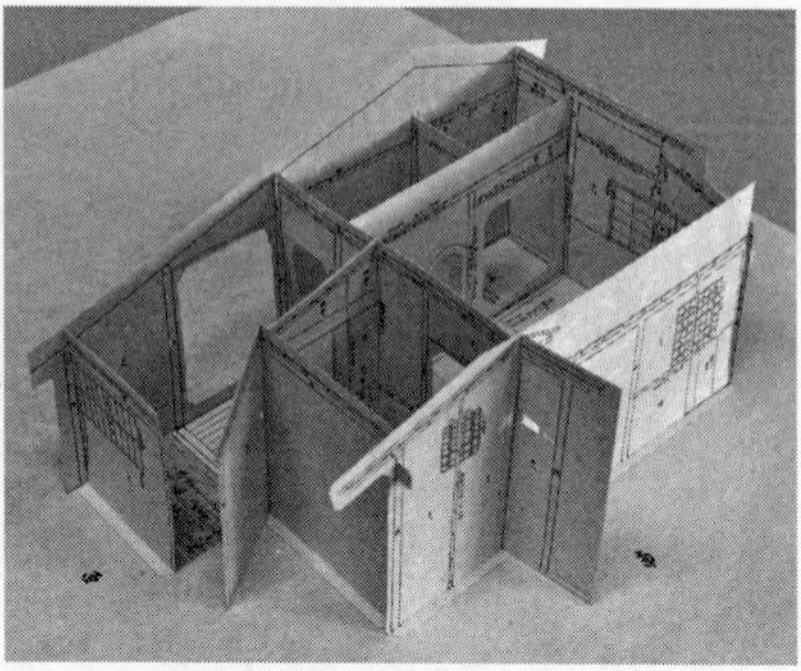

図2　茶室起こし絵（表千家不審庵）．折り重ねられた図面を組み立てた状態．
出典：堀口捨己監修『茶室おこし絵図集　第2集』（墨水書房，1963年）．

見粗末な仕上げからは、古さの尊重と相通じる美意識を確認できる。

　本来、茶室は茶人個人の美意識と創意工夫に基づいてデザインされるものであったが、流派や家元制度の完成とともに形式は固定化し、弟子筋に伝授継承されるものとなった。その伝授継承にあたっては、図面と模型を兼ねた「起こし絵」が用いられており、オリジナルの忠実なコピーである「写し」の建設が可能となった（図2）。そのため、著名な茶室であれば、ほぼ同じ形態のものが複数存在する場合が多い。

　ここで古田織部《ふるたおりべ》好みとして著名な三畳台目《さんじょうだいめ》茶室の「燕庵《えんあん》」（京都市上京《かみぎょう》区、重要文化財）における写しの評価をみてみよう。

　千利休の弟子である古田織部（重然《しげなり》、一五四四～一六一五）は戦国末期の武将で、大坂夏の陣に際して豊臣方への内通を疑われて自害した。その死の直前に義弟である藪内剣仲《やぶのうちけんちゅう》に託された茶室が燕庵であるが、オリジナルは一八六四年（元治《げんじ》元）の蛤御門《はまぐりごもん》の変に際して失われてしまった。現存する燕庵は、一八三一年（天保《てんぽう》二）頃に摂津《せっつ》の結場村（現神戸市）に建設された写しであったが、オリジナル焼失後に、複数存在した写しのなかで最も古いものであったことが評価されて、藪内家に移築されたと伝えられている。

この一連の経緯をみると、創始者である織部が創作した茶室、すなわちオリジナルに最高の価値を見出していることは明らかで、写しというコピー作業自体を行う動機ともなっている。そして、オリジナルを失った状況で写しが複数存在する場合には、最も古いものがオリジナルへと昇格していることから、古さに価値を見出していることも明確である。また、オリジナルを重視する姿勢からは、後述する「復元」と類似した指向性も指摘できるだろう。

図３　古今伝授の間.

人物や行為に基づく古さの評価――古今伝授の間の移築

さらに江戸時代には、人物との関連で古い建造物を評価して保存しようとする動きも確認できる。その典型的な事例が、熊本市の水《すい》前寺《ぜんじ》成趣園《じょうじゅえん》に残る「古今伝授《こきんでんじゅ》の間《ま》」である（図３）。

水前寺成趣園は、一七世紀に熊本藩初代の細川忠利《ほそかわただとし》が造営した大名庭園で、古今伝授の間は、富士山を象《かたど》った築山《つきやま》と苑池《えんち》を望む絶好の位置に立地している。この立地条件からは、古今伝授の間は作庭の一環として建設されたものに思えるが、本来この位置には酔月《すいげつ》亭と呼ばれる別の茶屋が置かれていた。これが一八七七年の西南戦争で焼失し、さらに三十年以上経過した一九一二年に、古今伝授の間が京都から移築されている。

建造物の名前の由来となった古今伝授は、「古今和歌集」の解釈を秘伝として伝承するもので、細川家の祖である細川幽斎《ゆうさい》（藤孝《ふじたか》、一五三四〜一六一〇）が引き継いだ後、一七世紀の宮廷文化の担い手であり桂離宮《かつらりきゅう》の創設者としても著名な八条宮《はちじょうのみや》智仁親王《としひと》（一五七九〜一六二九）へと継承された。

細川幽斎が八条宮智仁親王に古今伝授を行ったのは、一六〇〇年（慶長五）三月以降のことで、場所は京都今出川《いまでがわ》に所在した八条宮本邸内の「学文所」ないしは「書院」であった。その伝授の場となった建築は、一七世紀中期に八条宮家の所領であった開田村《かいでん》（現在の京都府長岡《ながおか》京市《きょう》）の「御茶屋」に移築され、さらに明治維新後の一八七一年に旧八条宮家所領が収公された後に、細川幽斎の子孫にあたる熊本藩細川家に下賜《かし》され、それが一九一二年に水前寺成趣園に移築されて古今伝授の間となったのである。

このような複雑で数奇な運命を辿《たど》って古今伝授の間は熊本に至ったが、移築は偶然の積み重ねではなく、関係者が意図的に行ったものであることが、西和夫《にしかずお》の研究によって明らかになっている。

まず、今出川から開田村への一回目の移築は、八条宮家二代目の智忠《としただ》親王の時代に行われたものである。智仁親王の活動の場であった「御学文所」の保持を願った智忠親王が、火事などの「非常の義」を危惧《きぐ》して、郊外の開田村に移築したのである。

ここでは、智仁親王にまつわる記憶と古今伝授という象徴的な出来事が重視された結果、その舞台となった建造物にも価値が見出されている。さらに防火の観点に基づいた移築からは、価値評価した建造物を後世に伝えようとする強い意志を確認できる。近代の歴史的建造物保存において一般化する移築および防災という手法を内包している点は注目に値する。

続いて熊本藩細川家が実施した二回目の移築は、八条宮智仁親王ではなく、先祖である細川幽斎を重視して行われている。遠隔地であったため、移動の対象となったのは、八畳間二室の柱や欄間《らんま》、床回り、敷鴨居《しきがもい》、天井および開口部の部材、それに狩野永徳《かのうえいとく》・海北友松《かいほうゆうしょう》作とされる絵画が描かれる杉戸および襖《ふすま》にとどまり、庭園内の建築として間取りの改造も行われたが、あくまでも古今伝授が行われた建造物である点が強調されているから、一回目の移築と同様の価値判断が行われたものとみなしてよいだろう。

以上のように、古今伝授の間では、人物や行為といった歴史の記憶と評価から出発しながらも、防災のために移築を行うなど、価値評価の対象が建造物へと変換・昇華していくプロセスを指摘できる。建造物を残そうとする強い意志が確かに存在しているのである。

家系と一体化した古さの評価――千年家

これまでの事例は、都市に居住する上層社会のものであったが、江戸時代には農村社会においても建造物の古さを評価する傾向が確認できる。

神戸市の箱木《はこぎ》家住宅は農家建築で、「千年家《せんねんや》」とも呼ばれている（図4）。これは建設後千年が経過した古い家という意味で、箱木家だけでなく姫路市の古井《ふるい》家住宅など計五件も同様に呼ばれており、兵庫県中南部一帯で飛び抜けて古い家の総称でもあった。

図4　箱木家住宅.

この千年家という呼称の起源について、箱木家蔵の家系図は、一六九〇年（元禄《げんろく》三）に死去した箱木伊兵衛が、幕府の代官であった小堀仁右衛門から千年家の家号を下されたと記している。この小堀仁右衛門は茶人・作庭家として有名な小堀遠州《こぼりえんしゅう》の縁戚で、代々京都代官などを務めた家系の人物である。

また、大坂の浮世絵師・作家であった浜松歌国《はままつうたくに》が一八三三年（天保四）に編んだ地誌『摂陽《せつよう》奇観《きかん》』巻二一の元禄五年の項にも以下の記述がある。

一　矢田辺《やたべ》郡衝原《つくはら》村箱木兵部といへる人家の梁文大同元年上棟とあるを今年見当る（中略）此家の柱を見るに古代の物にして千年家といへり又同谷東小部にも千年家とてこれも古代の家也此谷に際らず都て是より西山陰道の山中谷々の里には古き家屋多し

此後箱木氏の家へ人尋来りて垂木の竹などを乞求て大同竹とて賞翫す

これによると、箱木家住宅の梁に大同《だいどう》元年（八〇六）と記されていたこと、箱木家の柱等は「古代の物」と判断できるほど古く見えるために千年家と呼ばれていること、付近には他にも千年家と呼ばれる農家建築が存在すること、この周辺から西の山陰道に至るまでには古い農家建築が多いことを並記し、末尾には、箱木家を来訪して屋根材の一部である「垂木《たるき》の竹」を分けてもらい「賞翫《しょうがん》」する人物が存在するとしている。

大同年間は大げさであるが、農家建築の歴史研究が進展した現在でも、箱木家住宅・古井家住宅は少なくとも一六世紀以前まで遡る現存最古の農家建築とみなされている。それ以外の千年家も戦国期まで遡る遺構なので、一七世紀末期の段階で建設後一〇〇年以上は経過しており、千年家と名づけられるだけの十分な理由があったといえる。

しかし、そうした事実以上に重要なのは、千年家として総括された家系は中世の地侍《じざむらい》の系譜から帰農して農村部の庄屋層となった階層であること、農村部における最上層の農民が居宅として古い建造物を使用しつづけていること、さらにそうした状態を幕府代官が賞賛していることに、である。これは建造物の古さを家系の古さ確かさと対応させて高く評価していることに他ならない。また、千年家の評判を聞きつけて、材料の一部を分けてもらう感覚は、古い建造物を高く評価する感覚が一般に普及していたことを示している。

このように千年家への評価は、所有者の家系の歴史と一体となったものであるが、建造物の歴史的な経緯から生じる畏怖《いふ》と神格化も指摘できるだろう。

以上のように、江戸時代には、都市部でも農村部でも古い建造物に対してさまざまな観点からの評価が行われるようになり、積極的に保存しようとする意志も出現しているのである。

名所図会の世界

古今伝授の間や千年家でみられた古い建造物への評価の視点は、建造物にまつわる人物・家系や出来事といった属性に基づくものである。こうした評価方法は、建造物自体の評価よりも一般に理解しやすく、江戸時代後期までに広く普及している。

しかし人物や出来事などに基づいて評価を行う場合、古い建造物とただ向き合うだけでは不十分で、さまざまな歴史的な情報を入手することが必須となる。この建造物と歴史的情報のドッキングとその普及に大きな役割を果たしたのが、「名所記」「名所図会」である。

現代では、「名所《めいしょ》」は知名度の高い場所を指す言葉であるが、本来の「名所《などころ》」は、「逢坂《おうさか》の関《せき》」「小夜《さよ》の中山《なかやま》」など和歌に詠《よ》まれることで一定のイメージを獲得した地名や、歌枕《うたまくら》として扱われる地名を指すもので、言葉の響きや連想は重視されるが、実際の地勢や風景への関心は必ずしも高くなかった。

しかし、中世には現地に赴いてその報告を行うものや旅行記も作成されるようになり、江戸時代には和歌に詠まれた地名以外の情報も充実してくる。浅井了意《あさいりょうい》（?〜一六九一）が著した一六六二年（寛文《かんぶん》二）の『江戸名所記』は明暦《めいれき》大火（一六五七年）後の江戸について記述し、同人の『京雀《きょうすずめ》』（一六六四年）は、洛中の町名ごとに寺社や旧跡を取り上げて紹介する地誌の体裁をとったものである。外来者の視点で描写されるこの二冊は、観光案内としての意味合いも兼ね備えており、この時期に名所は「などころ」から「めいしょ」に転換したといえよう。

さらに、一八世紀後半に登場した「名所図会」は、『五畿内志《ごきないし》』（一七三六年刊行）など地誌類からの引用に加えて、正確な描画法で描かれた挿図《そうず》も挿入されていて、圧倒的に豊富な情報量が特徴となっている。この名所図会は、大量に印刷されて世に広まり、その後継本も含めて明治期までの長期間、強い影響力を持った。

この名所図会の嚆矢《こうし》となったのが、秋里籬島《あきさとりとう》が編集し、竹原春朝斎《たけはらしゅんちょうさい》が挿絵を描いた一七八〇年（安永《あんえい》九）の『都《みやこ》名所図会』（六巻一一冊）である。この二人は、一七九一年（寛政《かんせい》三）に『大和名所図会』（六巻七冊）、一七九四年に『住吉《すみよし》名所図会』（五巻五冊）、一七九六年に『和泉《いずみ》名所図会』（四巻四冊）などを相次いで出版している。

江戸において同様の手法で刊行されたのが、神田《かんだ》の町名主であった斎藤長秋《さいとうちょうしゅう》・莞斎《かんさい》・月岑《げっしん》の親子三代が編集し、長谷川雪旦《はせがわせったん》が挿絵を担当して、一八三四年（天保五）および一八三六年に刊行された『江戸名所図会』（七巻二〇冊）である。これらの他にも、地域別では阿波《あわ》・鹿《か》島《しま》・熊野《くまの》・木曾《きそ》・紀伊《きい》・尾張《おわり》があり、著名な寺社への参詣ルートごとに作成された伊勢・厳《いつく》島《しま》・金比羅《こんぴら》・善光寺《ぜんこうじ》・西国三十三所・成田《なりた》なども存在していて、日本列島の広い範囲をカバーするものとなっている。

このように観光案内書の役割も担った名所図会では、当然のことではあるが、解説を行う事項を取捨選択している。これは、訪れるべきと判断した対象の峻別《しゅんべつ》、すなわち価値評価を行った結果である。そして、多くの名所図会で選択された事項の多くが寺社や史跡であり、その来歴に関する解説が記述の中心となっている。すなわち歴史的な情報を得た上で、現地を訪れることを前提としているのである。

ここで、『都名所図会』の記述方法を確認してみよう（図5）。まず、現在の京都を代表する観光地「嵐山《あらしやま》」の記述をみると、冒頭に二枚綴りの鳥瞰《ちょうかん》図を掲載している。この図の中央上方に嵐山の山頂、その左側の山麓《さんろく》に法輪寺《ほうりんじ》、中央下寄りに桂川《かつら》、画面中央下側に桂川を横断する渡月橋《とげつきょう》を描き、画面の左上には、一三一三年（正和《しょうわ》二）頃に京極為兼《きょうごくためかね》が撰《せん》した『玉葉和歌集《ぎょくようわかしゅう》』所収の藤原俊成《しゅんぜい》が嵐山を詠んだ歌、

またたぐひあらしの山のふもと寺杉のいほりに有明の月　俊成

が記されている。

この鳥瞰図に続く文章には、「嵐山は大井川を帯びて北に向ふたる山なり（亀山《かめやま》院吉野《よしの》の桜を

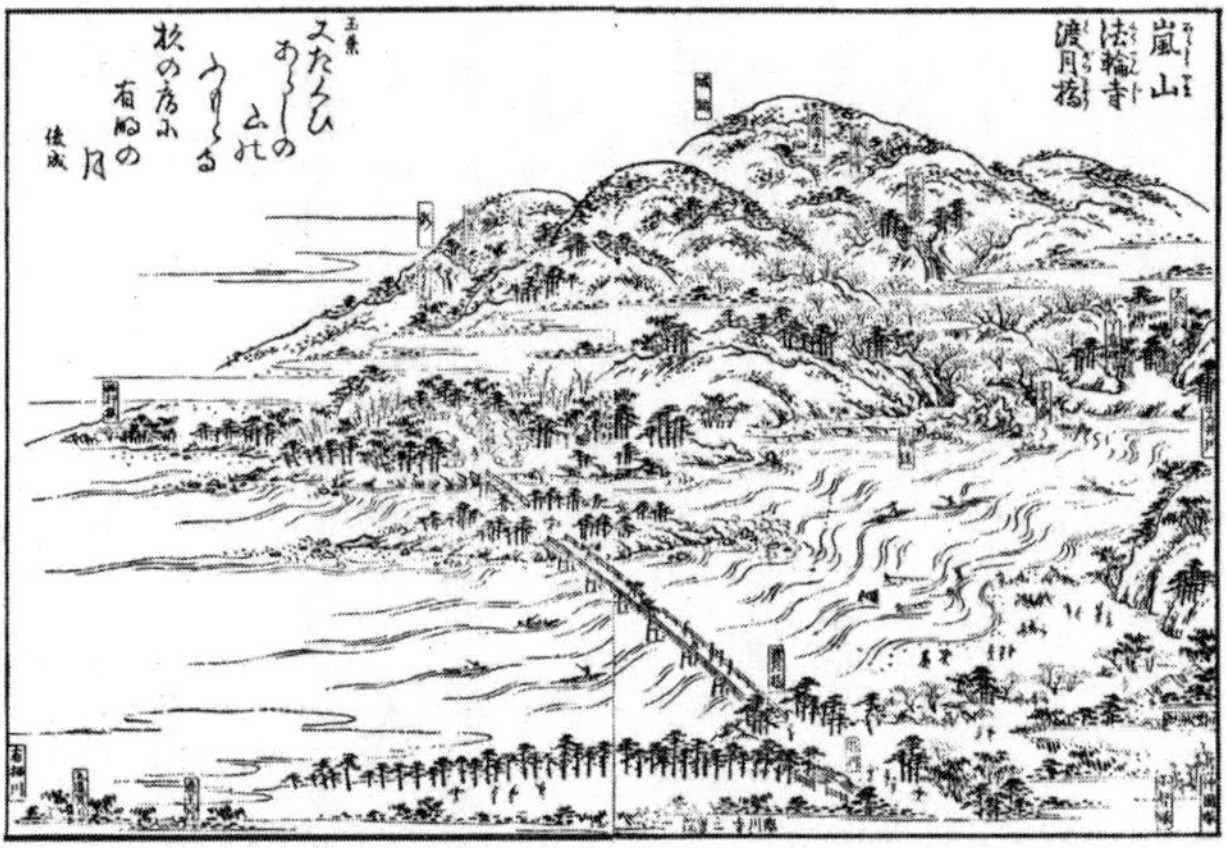

図５　『都名所図会』の嵐山.
出典：竹村俊則校注『新版　都名所図会』（角川書店，1976年）.

うつし給ひし所とぞ）」と記して、立地の説明と吉野の桜を移植した故事を簡単に紹介した後に、嵐山を主題とした和歌三首を掲載して嵐山の解説を終えている。

嵐山を象徴する渡月橋に関しても、「渡月橋は大井川にありて法輪寺へ渡る橋なり。一名は御幸《みゆき》橋・法輪寺橋ともいふ」と立地と経路および別名を紹介した後、『風雅《ふうが》和歌集』の「前大《さきのだい》納言《なごん》為兼」の歌を掲載するのみで、建造物の形態的な特徴には一切言及していない。

法輪寺に関しては、比較的長文の解説を掲載するが、寺院の由来・縁起《えんぎ》を詳しく紹介しているのに対して、境内の建造物については、落星井・轟橋《とどろきのはし》・参籠《こもり》堂の三つを挙げるのみである。当時の法輪寺には、加賀《かが》藩前田《まえだ》家の支援を受けて建設された堂舎が存在していたはずであるが、それらにはほとんど触れていないのである。

このように、『都名所図会』における嵐山の描写をみると、見るべき事項を限定した上で固有名詞を掲げて精密な絵画描写を行っているが、風景や建造物の具体的な特徴への言及は少ない。古典としての和歌の描写対象であることが、事項として抽出した根拠となっていると想定できるのである。

風景や建造物への直接的な評価には踏み込まないで、優れた文学や絵画が主題とした点をもって評価するこうした姿勢は、本来の名所《などころ》観を継承したものであり、その後も現在まで長く継承されている。このように『都名所図会』の嵐山の記述は、和歌にちなんだ前代の傾向が色濃く残っている。

平等院の評価

一方、京都市内に残る他の建造物を『都名所図会』はどのように扱っているのだろうか。平安時代からの来歴を誇る京都であるが、たび重なる戦争や火事のため、中心市街地には中世以前に遡る建築はほとんど現存していない。現在、洛中に該当する中心市街地の範囲内で、中世まで遡る大型建造物として知られているのは、教王護国寺《きょうおうごこくじ》（東寺《とうじ》）の諸門・蓮華王院《れんげおういん》本堂（三十三間堂）・大報恩寺《だいほうおんじ》本堂（千本釈迦堂）・六波羅蜜寺《ろくはらみつじ》本堂など少数にとどまる。

ここで、これらについての記述を『都名所図会』から確認してみると、寺院の縁起や信仰対象である仏像などを記述しているが、建造物については名称を記すのみで、他には特段の解説

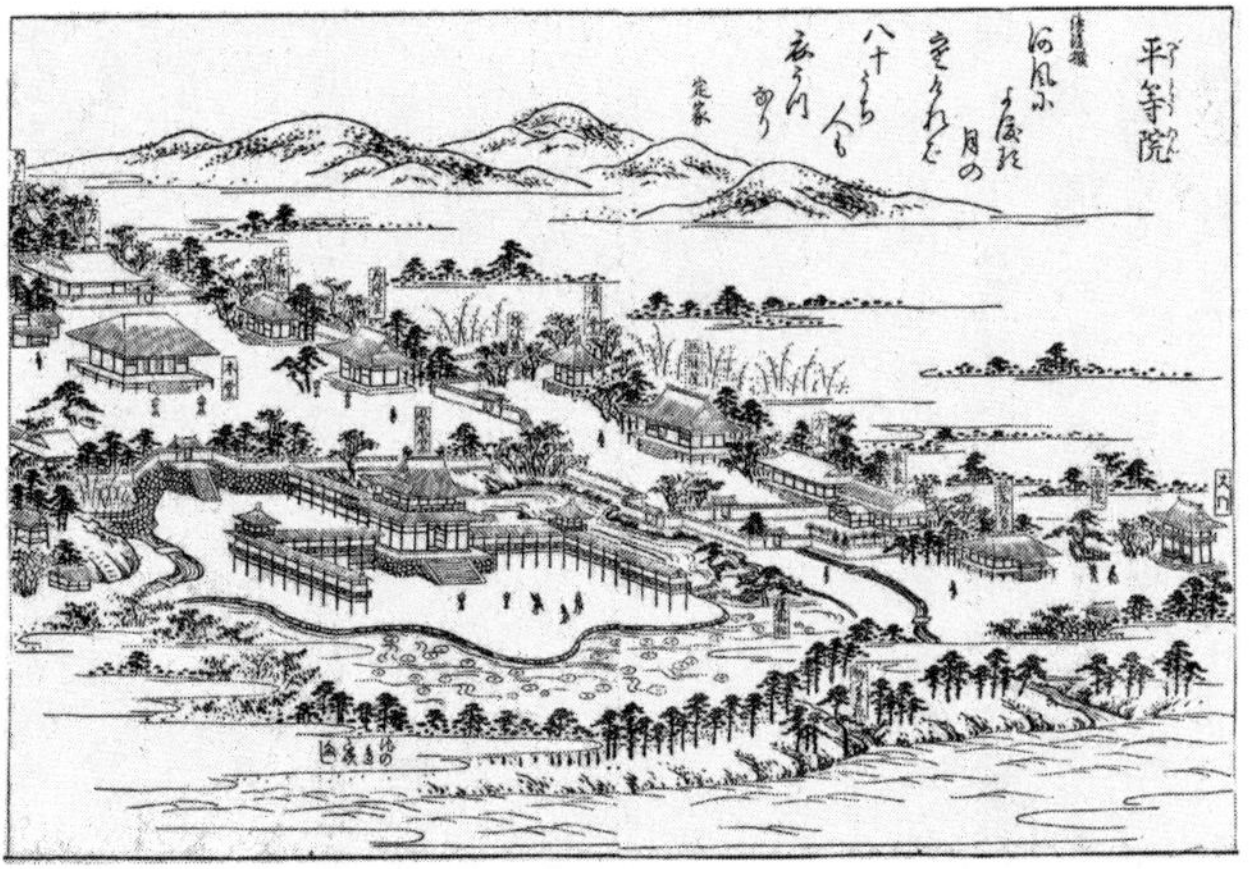

図6　『都名所図会』の平等院.
出典：同前.

はみられない。このように『都名所図会』は、建造物について比較的冷淡に扱っているが、洛外の平等院に限っては、例外的に一歩踏み込んだ記述を行っている（図6）。

　京都府宇治《うじ》市の平等院は、平安時代の一〇五三年（天喜《てんぎ》元）に、関白藤原頼通《よりみち》が造営した寺院で、四棟から構成される鳳凰《ほうおう》堂は平安時代を代表する建造物として国宝に指定され、一〇円硬貨の図柄となったため、現在では誰もが知る存在となっている。

　『都名所図会』の平等院に関する記述では、二枚の鳥瞰構図の精細な挿図とともに、来歴に関する解説を掲載している。この解説では、源融《とおる》（八二二～九五）・藤原道長《みちなが》（九六六～一〇二八）・藤原頼通（九九二～一〇七四）といった関係者を列記しながら、具体的な時期と内容を根拠となる史料名とともに明示していて、正確な来歴を記述しようとする態度が認められる。
そして、解説の続く部分には、建造物と仏像等に関する記述がある。少し長文ではあるが以下に引用してみよう。

仏殿は鳳凰を象《かたど》り、左右の高楼回廊を両翼とし、後背の廊を尾とす。棟の上に雌雄の鳳凰あり（金銅を以て造る）。風に随うて舞ふ。かるがゆゑに鳳凰堂といふ。本尊阿弥陀《あみだ》仏は長六尺《みたけ》の坐像にして定朝《じょうちょう》の作なり。堂内の長押《なげし》に二十五菩薩《ぼさつ》の像あり。同四壁幷びに三方の唐戸《からど》に浄土九品《くほん》の相を画く。絵師の長者為成の筆。上には色紙形ありて観経の文を書す。中納言俊房《としふさ》の筆跡なり。天蓋《てんがい》・瓔珞《ようらく》等は七宝を鏤《ちりば》め、古代の作物にして美麗荘厳《しょうごん》他にならびなし（鳳凰堂は永承《えいしょう》年中、頼通公建立より曾《かつ》て回禄の災《わざわい》なし。南方の奇観とす）

ここでは、平等院の数ある文物のなかで、仏殿（鳳凰堂）・本尊阿弥陀仏（木造阿弥陀如来《にょらい》座像）・二十五菩薩（木造雲中供養菩薩像）・浄土九品の相（鳳凰堂中堂壁扉画）・天蓋および瓔珞（木造天蓋）の五つを抽出して解説を行っている。五つに限定した理由は判然としないが、高く評価していることは間違いなく、しかもこの五つが現在、平等院内で国宝に指定されているものと一致していることは興味深い。

解説の内容は、造形上の特徴の説明と関連する人物（定朝・源俊房）を列記した上で、「古代の作物にして美麗荘厳他にならびなし」「頼通公建立より曾て回禄の災なし。南方の奇観とす」という評価を行っている。印象批評的ではあるが、建造物や仏像絵画の造形に言及して「美麗」と表現した上で、「古代の作物」であり、かつ建設以降一度も罹災《りさい》せず古い形態を保っている点を強調して評価しているのである。ここでの「奇観」という表現は、稀少《きしょう》性を示す表現であろう。

以上のように、江戸時代後期以降に旅行観光案内として普及した「名所図会」の記述から、当時の歴史的建造物に対する普遍的な感覚を読み取ることができる。

和歌に詠まれた地名の解説を起源とする名所図会では、古典文学としての和歌の世界を継承しつつ、社寺等の縁起来歴、すなわち歴史的情報について積極的に記述している。これは名所図会の利用者が、現地を訪れた際に、その場で目に見える状態に歴史的情報を加味して鑑賞するスタイルが確立していたことを示しているだろう。記述される歴史的情報には誤りも散見されるが、古さに対して一定の価値を見出していることは確実である。

ただし、そこでの歴史的情報は、寺社等の組織自体の歴史であって、建造物や仏像・絵画といった具体的な対象に向けられることは少なく、組織と建造物等の来歴が混同されている場合が多い。建造物に対する評価は、訪れるべき対象を抽出して提示するにとどまっていて、しかも抽出の観点は曖昧である。一八世紀に出現した名所図会は明治以降も引きつづいて出版されているから、以上のような価値評価のあり方は明治中期まで変わることなく継承されたとみなしてよいだろう。

しかし、平等院に対しては、組織の歴史的背景を述べた上で、鳳凰堂を評価すべき建造物として明示し、その歴史的な経緯・人物との関係・造形上の特徴に加え、総括的な評価まで行っている。こうした明快かつ多岐にわたる視点での評価は、明治以降の近代的な評価方法の萌芽と位置づけられるものである。

工匠家と国学者の把握

このように江戸時代中期までに、古い建造物を評価していく価値観が出現している。さらに同時期には、建造物の形態が時代によって変化したことを明確に認識し、その変化の道筋を捉えようとする思考法も生まれている。

江戸幕府の建設官僚であった「作事方《さくじかた》」では、甲良《こうら》家と平内《へいのうち》家の二家が大棟梁職を継承し、それぞれ「建仁寺流《けんにんじ》」「四天王寺流《してんのうじ》」という流派を形成して権威的な存在となり、建造物設計のさまざまな技術的な知見をまとめた詳細な記録を作成し、弟子筋に伝授している。

このうち甲良家の関係者が一七世紀中期頃にまとめた内容を記述した『建仁寺派家伝書』では、日本の建築は「上代」から伝承されたものをベースにしつつ、後世に「宋朝《そうちょう》」、すなわち中国から禅宗などの建築を取り入れて変化したという歴史観が提示されている。その上で、法

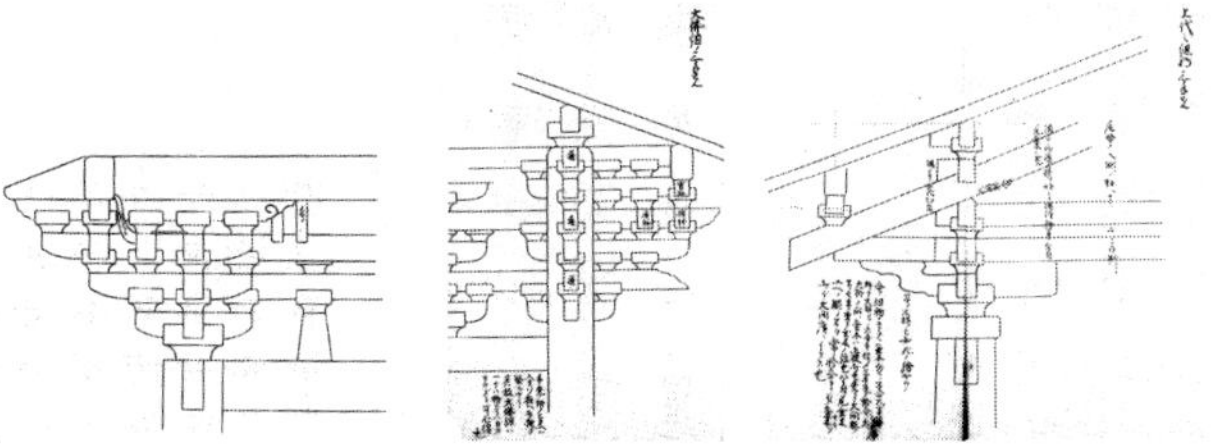

図7　「匠用小割図」の軒組物．「匠用小割図」は，江戸幕府の御大工を務めた甲良家が17世紀に作成した『建仁寺派家伝書』を構成する大工書の一つで，建築細部の詳細図面を多く収録．そのうち左図は一般的な軒下の組物を描くが，特異な形状の中図・右図に関しては，それぞれ「大仏組ノ三手先」「上代之組物三手先」と記し，12世紀末期の東大寺大仏殿再建の際に用いられたもの，古代に用いられたものという認識を記す．
出典：河田克博編著『日本建築古典叢書　第3巻　近世建築書　堂宮雛形2　建仁寺流』（大龍堂書店，1988年）．

隆寺の建築にみられる八世紀の形態を「上代之組物三手先《みてさき》」、また東大寺に見られる一二世紀末に導入された形態を「大仏組ノ三手先」として紹介している（図7）。これは建造物の稀少で特殊な形態を、歴史的な要因から説明しようとするものである。

こうした工匠家による認識は流派内のみで継承されたものであったが、一八世紀以降の国学者による考察は、失われて存在しない過去の建造物を対象としていて、江戸時代後期以降の政治的な活動ともリンクして大きな波及力を持った。

まず、山城《やましろ》国の富農の子として生まれた高橋宗《たかはしむね》直《なお》（一七〇三～八五）は、朝儀《ちょうぎ》の御膳を用意する庖丁道《ほうちょうどう》の家職を務めた家系の養子となって有職《ゆうそく》故実《こじつ》に通じ、一八世紀中期に、その知識を用いて平安時代の宮殿や官衙《かんが》の復元図を作成した。その成果は藤原貞幹《さだもと》によって継承され、さらに裏松固《うらまつこ》禅《ぜん》（光世《みつよ》、一七三六〜一八〇四）による一七九七年（寛政九）の『大内裏図考証《だいだいりずこうしょう》』で集大成されている。

『大内裏図考証』の作成作業は、天明《てんめい》の大火（一七八八年）によって焼失した京都御所の再建事業に活用されている。「寛政造営」と呼ばれる京都御所再建事業は、勃興する尊王思想の下で、かつての輝かしい時代、すなわち平安時代後期への復帰が目標となったため、裏松の研究内容が再建事業の拠りどころとなったのである。

『大内裏図考証』は、建造物の間取りや儀式・調度に関係する部分ではかなり正確に平安時代の状況を明らかにしていたが、建造物の細部や全体のフォルム、あるいは技術に関しては史料を欠いたため、寛政造営の京都御所では江戸時代的な建築形態や技術が採用された。

このように寛政造営の京都御所は、正確に過去の形を再現したものとはいえないが、江戸時代の人々が見たこともない造形を示すことになった。過去の探求は、結果として新しさを提供したのである。

失われた過去の建造物を探求する動きは、神社や住宅建築の起源にも向けられている。

幕府の作事方を務めた平内家門弟の深谷平太夫治直は、一七三九年（元文《げんぶん》四）に著した『社類建地割』において、岩窟《がんくつ》や竪穴に屋根を掛けた姿を「天神七代地神五代社造始り之図」として掲載し、建造物の原初形を推定している。また一八〇四年（文化《ぶんか》元）に辻内伝五郎が著した『鳥居之巻』は、神社の原初形として「天地根元家造り」を掲載している。そして一八四二年

（天保一三）の澤田名垂《さわだなたり》『家屋雑考《かおくざっこう》』は、平安時代に公家文化の「寝殿造《しんでんづくり》」が成立した後、鎌倉・室町時代の「武家家作《ぶけかさく》」を経て、戦国期に「書院造《しょいんづくり》」が出現して江戸時代に至ったという歴史的な道筋を仮説的に提示している。

こうした過去の考察は、尊皇攘夷《そんのうじょうい》思想と政治的状況が反映したものであるが、過去の各時代には、それぞれ現在（＝江戸時代）とは異なる姿の建造物が存在していたと認識している点は重要である。このような理解、すなわち歴史的な変化を前提として現在を相対化し、実在する過去の建造物をその変化の道筋のなかに位置づけていくことで、初めて「古い建造物」は「歴史的建造物」として捉え直され、評価されることになるからである。

以上述べてきた江戸時代の状況は、価値発見の経緯と歴史的な把握の第一段階を示すもので、歴史的な存在への配慮と過去への回帰という現象を指摘できる。その結果、京都御所や一部の神社などでは、理想としての過去の復活を目指した復古的な建設活動も実現した。ただし、歴史的建造物の価値は認知されはじめているが、それ自体を保存しようとする意識は、この時点では曖昧である。本格的な保存の展開は、明治維新後の激烈な社会変動と近代建築学の登場を待たなければならなかったのである。

第二章　古社寺の保存

社寺建造物への視点

歴史的建造物の保存という思想が、最初に対象としたのは社寺建造物であった。

本堂や本殿などの社寺建造物は、現在でも典型的な文化遺産として認識されていて、重要文化財に指定されている建造物の五〇パーセント以上を占めているので、社寺から歴史的建造物の保存が始まったという事実に、疑問を持たれる方は少ないだろう。

第一章でみたように、社寺建造物の文化的な価値は、「名所図会」で取り上げられるなど、すでに江戸時代には一般にも浸透していた。しかし、明治以降にその保存がスムーズに進行したわけではない。江戸時代の「寺社」が明治以降の「社寺」へと変貌した過程は激烈なもので、そのなかで失われたものの大きさが、保存の引き金となったのである。

それまで当たり前のように存在していた建造物が突然失われる、この現象こそ、歴史的建造物の価値が広く社会に認識される契機となるが、その現象を最初に体現したのが社寺建造物であり、失われることを防ぐ措置、すなわち保存を意識的に行う発端となったのも社寺建造物なのである。

第二章では、まず明治維新期に社寺が体現した混乱と破壊の状況を具体的にみていく。次いで、社寺の組織と歴史的建造物の保存が図られるようになっていった経緯について、時系列に沿って検討を行う。

この一連の経緯のなかで用いられるようになった概念が「古社寺」であるが、その意味するところは短期間に大きく変容している。本章では、本来は組織を意味していた古社寺という概念が、やがて社寺が所有する歴史的建造物を示すようになっていった過程と、そのなかで建造物の価値判断を担うことになった建築学という存在に重点を置いて記述してみたい。

江戸時代の寺社

明治以降の動向を検討する前に、それ以前、江戸時代の寺社について簡単にみておこう。江戸時代の寺社は、「本末制《ほんまつ》」と「寺檀制《じだん》」という二つの制度を基軸にして、江戸幕府の政治社会組織に組み込まれていた。

このうち本末制は、思想的・人的な系統で区分された仏教教団に全ての寺社を所属させるもので、それぞれの教団は、頂点の「本山《ほんざん》」から「本寺《ほんじ》」「触頭《ふれがしら》」などを経て末端の「末寺《まつじ》」に至るピラミッド状の階層的な構造となっており、江戸幕府は頂点の本山を通じて、膨大な末寺を全て把握することが可能となった。

なお、江戸時代には神社や修験道《しゅげんどう》など山岳宗教も、基本的には寺院と一体化して仏教教団の管理下に置かれていた。そのため「寺社」という呼称は「寺院＋神社」ではなく、両者が統合した存在を示していた。したがって、寺院の仏教的な要素と神社の神道的な要素が一つの空間に同居するのは普通のことであった。世界遺産の厳島神社で、社殿の背後に仏教を象徴する五重塔が聳えているのは、江戸時代以前の景観が残存しているからである。

もう一つの寺檀制（寺請制《てらうけ》）は、キリシタンの排除を直接の目的としたもので、家単位で「菩提寺《ぼだい》」に帰属し、その「檀家《だんか》」となることを民衆に義務づけたものである。菩提寺の多くは本末制の末端に位置した末寺で、その数は一七世紀を通じて爆発的に増加したため、一七世紀末期以降の社寺建造物は、それ以前よりも極めて多数となっている。

以上のような本末制と寺檀制が徹底した江戸時代の寺社は、幕府や藩が民衆を支配するための装置として機能していた。しかし同時に、地域社会の寄合の場となり、教育機関としての寺子屋《てらこや》が開設されるなど、民衆の日常生活に密着した存在でもあった。また、江戸などの大都市には、多数の店舗等が常時所在する境内も多く、これらは遊興あるいは観光施設としての性格も顕著だった。

しかし、こうした寺社のあり方は、江戸時代後期以降から次第に変容していく。

一八世紀末期、一七八〇年（安永九）に光格《こうかく》天皇（一七七一～一八四〇）が即位した頃から、朝廷主導の復古主義が活潑《かっぱつ》化し、京都御所の造営を実現したばかりか、神仏習合《しんぶつしゅうごう》を否定して仏教と寺院を排撃する廃仏毀釈《はいぶつきしゃく》の思想も拡がりをみせている。なかでも水戸藩は一九世紀中期までに一九〇寺を廃寺に追い込み、諸藩でもこの動きに追随するものが現れた。

一方、中世に衰退した「奉幣使《ほうべいし》」（天皇から神社への公的使者）の派遣は、一七四四年（延享《えんきょう》元）に復活し、その後、一八〇四年（文化元）・一八六四年（元治元）に実施された。この奉幣使派遣を契機として、各地で廃仏毀釈の動きは活潑化し、復古的な美学に則って装飾を排除した神社社殿の建設も行われた。宇佐《うさ》神宮本殿（一八六一年）・賀茂別雷《かもわけいかづち》神社（上賀茂《かみがも》神社）本殿（一八六三年）・春日《かすが》大社本殿（同年）はその一例である。

さらに江戸時代末期には、幕府諸藩とも、それ以前からの財政悪化に加え、開国に伴う経済システムの破綻《はたん》によって、寺社に対する財政援助を大幅に削減した。これに安政《あんせい》年間に各地で発生した大地震の被害も加わり、明治維新以前にすでに多くの寺社では境内の維持管理が滞る状態となっていた。

例えば江戸浅草寺《せんそうじ》の場合、江戸時代前期には幕府の援助の下で大伽藍《がらん》を建設し、一八世紀には庶民からの寄進や土地経営で境内整備を継続していたが、一八五五年（安政二）の地震後には、本堂や本坊の維持さえままならない状況に陥って明治維新を迎えている。

神仏の明治維新

寺社の受難は、明治維新以降にさらに加速する。その契機となったのが、一八六八年（慶応《けいおう》四＝明治元）の神仏分離令である。

政教一致を標榜《ひょうぼう》していた維新当初の明治新政府は、一八六八年四月一〇日に、「仏像を以て神体と致し、又は本地抔《など》と唱へ、仏像を社前に掛、或は鰐口《わにぐち》、梵鐘《ぼんしょう》、仏具等差し置き候分は、早早と取り除き相改め申すべし」と定めた布告を行い、神社内に仏像等を安置することを禁じた。さらに同年閏《うるう》四月四日には、「今般諸国大小の神社において神仏混淆《こんこう》の儀は御禁止」、すなわち、それまで一体であった寺院と神社を分割することを命じた通達を行った。これは、長く続いた日本の宗教空間を激変させるもので、これによって「寺社」は、神社＋寺院の意味を持つ「社寺」へと姿を変えたのである。

神仏分離令以降に、分割された寺院の多くは急速に衰え、神社に関しては、国家の介入による再編が行われた。一八七一年に、国の神祇官《じんぎかん》が統括する官幣社《かんぺい》（大中小別格）と地方官が所管する国幣社《こくへい》（大中小）を頂点として、府県社・郷社・村社からなる諸社とその他の無格社に区分する「社格制度《しゃかく》」が制定されたのである。

この社格という発想は、古代的な中央集権思想に基づいたもので、中世以降に各地の神社が辿った多様な道程とそれに起因する各神社の個性を軽視するものであった。特に社格制度に連動して一八七三年に制定された「建坪制限」は、本殿規模の大小を社格の上下に対応させようとしたもので、その一律的な規定内容は各神社固有の性格を全面的に否定するものであった。さすがに建坪制限の内容には反撥《はんぱつ》も大きく、広く適用されることはなかったが、こうした発想が生まれたこと自体が時代の趨勢《すうせい》を現しているといえよう。

このように、明治以降には一見優遇されたかに思える神社にも大きな変化があり、少し時期は遅れるが、明治中期以降には、小型の神社を大規模神社に統合する神社統合や神社合祀《ごうし》も実施され、明治期を通じて七万社が減少したと考えられている。江戸時代に各所に存在していた、小規模な神社や祠《ほこら》は短期間で姿を消したのである。

さらに社寺領の「上知《じょうち》（上地《あげち》）」も、社寺に大きな打撃を与えている。

江戸時代の有力寺社は、境内以外に山林や農村部の領地を支配していた。このうち境内以外の支配地については、幕府・藩の消滅によって社寺から切り離され、境内本体についても、本堂などが立地する狭義の境内を除いて、明治政府に収用された。これが一八七一年と七五年に実施された社寺境内の上知である。

社寺境内の上知は、「祭典法要に必需の場所」以外を全て収用するという苛酷《かこく》なもので、対象となった社寺の総数は一八万四千余、上知された土地の面積は合計で約一四万ヘクタールにも及び、ここで社寺境内は宗教儀礼に必要な最小限の規模に縮小してしまった。

以上のように、明治維新期に寺院と神社のあり方は激変し、多くの社寺で財政状況は極端に悪化した。その第一の要因は、武士階級の消滅によって檀家が減少したことにあり、特に大名家の菩提寺などでは、藩が保証していた多額の支援金が失われた。また城下町など都市部の社寺では、上知によって地代収入の源であった土地を失ったことの意味も大きい。ただし庶民の寄進に財政的な基盤を置く浄土真宗寺院などでは江戸時代的な状況は継続し、逆に明治期に繁栄のピークをむかえたことを付記しておこう。

激変する境内①——日吉大社・興福寺

これまで述べてきたように、明治維新以後の急速な社会変化のなかで社寺は翻弄《ほんろう》され、その境内の様相は短期間で大きく変貌した。そこで具体的に何が起こったのか、いくつかの社寺での出来事を振り返ってみよう。

大津市の日吉《ひよし》大社は、比叡山《ひえい》延暦寺《えんりゃくじ》の鎮守社的な存在で、両者は本来一体化した存在であった。ただし、すでに江戸時代から僧侶と神職の間に軋轢《あつれき》があったため、神仏分離令を契機として紛争状態となり、ついに神職の側が俗人を交えて本殿に入り、安置されていた仏像仏具や経典などを排除し、両者は完全に袂《たもと》を分かった。社殿の建造物は保持されたが、仏教的な要素は排除され、宗教空間としての状態は大きく変化したのである（図8）。

奈良の興福寺は、さらに過激な変革に見舞われている。

藤原氏の氏寺として古代以来繁栄してきた興福寺は、本来は春日大社と一体の存在であった。興福寺では、神仏分離令の直後、一八六八年（慶応四）四月に僧侶全員が復飾（神職への転換）

願を提出するなど混乱状態に陥り、春日大社に安置されていた仏具等は撤去された。さらに翌年には「狂暴の徒勢ひを得て、或は仏体、神体を焚き、経巻、仏具を破壊するの挙に出て」と描写されるような状態に陥り、一八七二年九月には伽藍の廃棄が決まり、多くの建造物が破却ないしは売却された。

　このときの状況を記録した『神仏分離史料』には、

一　当寺五重塔は廿五円とかにて売却せられ、買主は金具を獲る目的なりしを以て、是を破壊せんと欲せしも、多大の費用を要するを以て、火を放ちて焼落るを待ち、金具を収得せんと欲し、実行せんとせしに、町家より類焼を恐れ、抗議を申込み、終に沙汰《さた》止みとなれりといふ、（後略）

図８　日吉大社東本宮本殿．神仏分離以前には屋内や床下に神仏が混淆した多様な信仰形態が存在．
写真：坂本照／アフロ．

とあって、現在では古都奈良の象徴となっている興福寺五重塔は、金具を目当てに売却されたが、その処理に困った買い主が取り壊しの手間を惜しんで放火を企んだところ、類焼を恐れた近隣住民の反対でようやく回避された旨が記述されている。このように五重塔は危機一髪で残存したが、食堂《じきどう》など多くの堂舎が失われ、興福寺の境内景観は一変した（図9）。

また、興福寺は奈良周辺で多くの寺社を統括していたため、その混乱は他にも波及している。内山永《うちやまえい》久寺《きゅうじ》はその一つで、僧侶の退去に伴い、境内の建造物群は全て破棄された。これは大寺院が完全に消滅した事例である。他に奈良では、多武峰《とうのみね》寺全山で仏教的な要素がほぼ排除されて、談山《たんざん》神社へと変貌している。

図9　興福寺五重塔．
写真：GYRO PHOTOGRAPHY／アフロ．

激変する境内②——鶴岡八幡宮・浅草寺・寛永寺

神仏分離後に境内景観が激変したもう一つの事例として、鎌倉の鶴岡八幡宮《つるがおかはちまんぐう》をみてみよう。鶴岡八幡宮は、源頼朝《よりとも》を輩出した河内《かわち》源氏の源頼義《よりよし》が創建した神社で、後に武家源氏の氏神ともいえる存在となり、現在でも多くの参詣者で賑わっている。

鶴岡八幡宮では、創建期から境内に寺院が所在しており、明治維新以前には、本殿手前の段丘上に、大塔（多宝塔）・護摩《ごま》堂・経蔵《きょうぞう》など仏教的な性格の建造物が整然と建ち並んでいた（図10）。しかしこの一画では、一八六八年（明治元）から七〇年頃までの間に、本殿に相対する舞《まい》殿《どの》を残して、それ以外の仏教的な建造物は全て除却された。若宮《わかみや》大路から望む鶴岡八幡宮の姿は、明治の神仏分離が創り出した近代の産物なのである。

最後に上知による境内の変化についてもみてみよう。

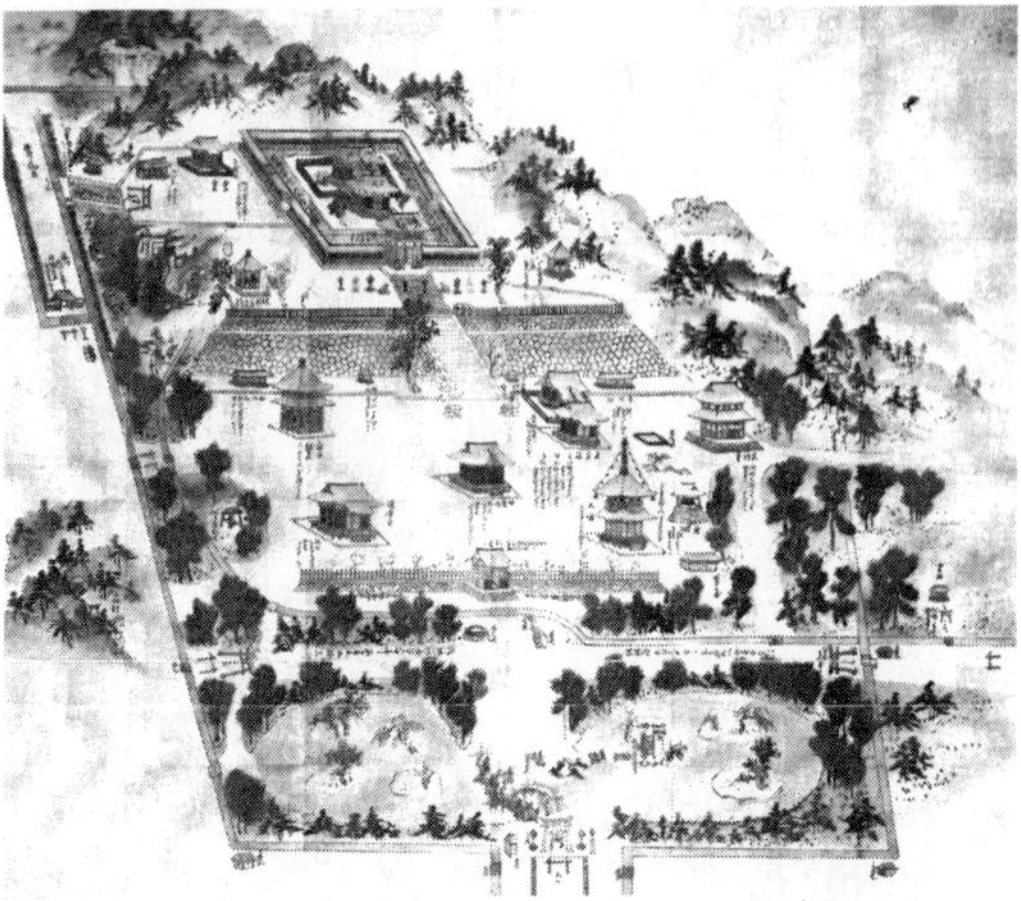

図10　鶴丘八幡宮境内図（部分）．壇上地形には仏教的な堂舎群が建ち並ぶ江戸時代の状況を描写，この部分の建造物は中央の舞殿を除いて現存しない．
出典：村上専精・辻善之助・鷲尾順敬共編『新編　明治維新神仏分離史料』（名著出版，1983〜84年復刻）．

東京都の浅草寺は、現在も国内外から多くの観光客を集める著名な寺院である。浅草寺は二度の火災を経験した結果、一七世紀中期に境内の範囲が明確に設定されたが、その範囲を現在の境内と比較すると、軽く五倍を超えていた。しかし、この広範囲全てが寺院であったのではなく、店舗や借家なども多く建ち並び、一九世紀初期には居住する俗人だけで五千人以上にも及び、そこからの地代が浅草寺を支えていた。

こうした状況に対して、明治政府は一八七一年の上知令で境内地の多くを収用し、さらに一八七三年にはその土地を公園へと転換している。正門である雷門《かみなりもん》の内側に仲見世《なかみせ》などの店舗や公会堂が所在する現在の不思議な光景は、上知令と公園設置によって作られたものである。

他にも社寺境内が公園となった事例は、東京では上野《うえの》公園（寛永寺《かんえいじ》）・芝《しば》公園（増上寺《ぞうじょうじ》）・深《ふか》川《がわ》公園（富岡《とみおか》八幡宮）・大阪の住吉《すみよし》公園（住吉大社）・京都の円山《まるやま》公園（祇園感神院《ぎおんかんしんいん》他）など多数存在している。このうち上野公園となった寛永寺は、江戸時代には徳川家の菩提寺として天台宗の頂点に君臨していたが、戊辰《ぼしん》戦役の際に旧幕臣が立て籠もったため焼失し、さらにその後にほぼ全域が公園化したもので、明治維新期の社寺境内の激変をよく示す事例となっている。

社寺の調査と明細帳

明治の最初期は、宗教をどのように国家体制に位置づけるかを試行錯誤していた時期であり、結果として大きな混乱が生じて境内の景観は激変し、多くの建造物が破却あるいは放棄されて朽ちていった。しかし、その混乱を終熄《しゅうそく》させて、既存の社寺を近代的な宗教組織として維持していく方向への転換も次第に図られるようになる。

過激な神仏分離が峠《とうげ》を越した一八七二年（明治五）以降の政府の通達をみると、社寺が所有する財産の恣意《しい》的な売買の禁止や境内樹木の伐採制限が実施されていて、土地・建造物や美術工芸品、森林資源を保全しようとする意図が確認できる。さらに、一八七八年の「社寺取扱概則」では、社寺の自由創設を原則としつつも、その前提条件として「永続財産の目途」「社寺の体」を求めている。「社寺ノ体」は本殿や本堂の存在を意味するもので、ここで初めて建造物の維持を求める規定が出現したといえよう。

明治政府による社寺の把握については、一八七〇年の「大小神社明細取調方書出方」、一八七三年の「寺院明細帳」の規定によって始まっていたが、さらに前述の「社寺取扱概則」を根拠にして、一八七九年には「神社寺院及境外遥拝《ようはい》所等明細書式」が通知され、これに従って、全国の社寺は「明細帳」を作成して府県および内務省に提出することになり、明治政府は全国の社寺境内の状況を正確に把握できることとなった。

社寺が提出した明細帳の控えは、現在でも多くの社寺で確認することができる。その記載内容は、所在地・社格ないしは宗派・名称・本尊ないしは祭神・その他の信仰対象・創設の縁起・来歴・境内地・建造物などの永続基本財産・その他の什器《じゅうき》宝物・境外の所有地・日付・代表者の名前などを箇条書きで記載するもので、末尾に本堂や本殿などの図面が付属する場合も多い。

明細帳は、明治政府が社寺所有の財産を把握するための台帳であり、社寺の歴史性を重視したものではない。ただし、社寺に関する情報が内務省および府県に集約された意味は大きく、その後の歴史的建造物の保存に重要な役割を果たすことになる。

図11　破損した榮山寺八角堂.
出典：奈良国立文化財研究所建造物研究室『奈良県文化財保存事務所蔵　文化財建造物保存修理事業撮影写真』(2001年).

「古社寺」概念の登場

明治初期の混乱を経て、一八八〇年代にはようやく近代的な宗教団体としての社寺が姿を現しはじめている。その間、大衆信仰に基盤を置く社寺は危機を脱して安定に向かったが、江戸時代に権力の庇護《ひご》を受けていた大社寺の窮状はその後も続き、一八九〇年代には、管理者を失って放置された建造物は限界を迎えつつあった。

その窮状は、明治中後期に撮影された写真から明らかになる。例えば奈良県五條《ごじょう》市の榮山《えいさん》寺《じ》では、八世紀に建立された八角堂が、屋根瓦を失い全体が傾いて倒壊一歩手前という状態で撮影されている（図11）。他の多くの社寺境内の建造物も同様の状態で、何らかの支援なくしては、倒壊と消滅が避けられない状態となっていたことを確認できる。

実は、社寺に対する明治政府の援助は早い時期から行われている。その最初の事例は、神仏分離が最高潮に達していた一八六九年に、京都府の石清水《いわしみず》八幡宮の築地修繕に対して国費を支給したものである。石清水八幡宮は源義家《よしいえ》が信仰したことで著名であるが、平安京の裏鬼門（南西）を守護する存在でもあり、毎年元旦に宮中で行われる「四方拝」の対象となっていたから、皇室の崇敬が理由となって支援が行われたものであろう。なお、石清水八幡宮においても神仏分離は徹底して実施され、一体であった護国寺《ごこくじ》は消滅している。神仏分離の嵐が吹き荒れている最中に神社に対する支援が行われたのである。

これ以降、一八七一年までに国費による支援が行われたのは、伊勢神宮・氷川《ひかわ》神社・出雲大《いずもおお》社《やしろ》・熊野本宮《ほんぐう》大社と、数々の陵墓を管理していた泉涌寺《せんにゅうじ》である。これらはいずれも江戸時代に皇室と深い関係を有した社寺であるから、従来の慣習を継続する形で、日常的な管理への助成が行われたものといってよい。そして、泉涌寺を除くこれらの神社は、社格制度では官幣大社となり、国家による恒常的な支援を受けるものへと転換している。ただし、泉涌寺のみは皇室の祭祀《さいし》から排除され、管理していた陵墓も上知されているので、あらためて神仏分離の過激さを理解できる事例となっている。

しかし、明治政府が財政的な支援を行ったのは、官国幣社となった神社のみである。その他の社寺に対して公的な支援を行うためには、新たな理由づけと支援する社寺を選択するための基準が必要となってくる。そこで登場したのが「古社寺」概念である。

古社寺という概念の生成過程については、近年著しく研究が進展している。そこで、西村幸《にしむらゆき》夫《お》・清水重敦《しみずしげあつ》・山崎幹泰《やまざきみきひろ》の研究に基づきながら、その経緯を検証してみよう。

まず、古社寺という概念が生成する契機となったのは、一八七八年に行われた明治天皇の北陸行幸である。行幸に随行して社寺の疲弊を目の当《ま》たりにした岩倉具視《いわくらともみ》・大隈重信《おおくましげのぶ》・伊藤博文《いとうひろぶみ》らは、既存社寺の保護の必要性を痛感し、内政を所管する内務省と財政を所管する大蔵省が連携して、諸施策を打ち出すことになった。その一つ、一八七八年の内務省通達には、境内地の民間への譲渡を禁じる対象として、官国幣社に加えて「文明《ぶんめい》十八年以前の創立に係る社寺」という分類法を用いている。これが古社寺という括《くく》り方の初出である。

ここで用いられた文明一八年（一四八六）の根拠は不明であるが、その後の内務省関係の規定では、この年以前に創立した社寺を古社寺として定義する傾向が定着している。組織の創設年代に着目した古社寺という概念が、一八七〇年代末に出現しているのである。

社寺保存内規

文明一八年（一四八六）という組織の創設年を基準として出発した古社寺概念であるが、評価の項目は間もなく多様化している。一八八〇年五月の「古社寺維持方法之件」は、内務省が作成した古社寺維持運営に関する起案書であるが、その添付資料「社寺保存内規」は「保存を要すべき箇所」として以下の七種を掲げている。

第一種　四百年以前創立の社寺
第二種　史乗中掲載の社寺にして名区古跡と称すべきもの
第三種　境内風致秀麗にして国郡の美観勝地と称すべき社寺
第四種　皇室御崇敬《すうけい》又は武門の帰依《きえ》等により、若干の朱黒印地有せし社寺にして維新変革

の後維持の方法立て難きもの
第五種　神体仏像の有無に関せず記念等のため建設せし碑石塔龕の類にして神仏に縁由ある古物
第六種　陵墓其の他賢相名将等の古墳その境内に属したる社寺
第七種　勅願若しくは王子宮嬪《きゅうひん》賢相名将等の発願に由り執行せる式法年中行事に伝来したる社寺

この内容はそのまま同年七月に内務省指令として発令され効力を発揮しているので、当時の古社寺に関する共通理解事項とみなせるものである。

この内容を詳しく見ると、第一種は四〇〇年という年数を客観的に示したもので、この記述から、「文明十八年以前の創立」は四〇〇年を意味していたことが確認できる。第二種も同じく歴史的な条件であるが、やや曖昧で「史乗《しじょう》」（＝歴史書）にも記載がある著名な社寺という意味合いであるから、第一種の四〇〇年基準から漏れた比較的新しい社寺も含めて、歴史上著名な社寺を加える意図を示した規定であろう。

一方、第三種は「境内風致秀麗」「美観勝地」という境内の景観を評価している。ここでの「風致」は自然景観を中心に多様な内容を包含する用語で、「美観勝地」は江戸時代の名所図会などが対象とした人文的な景観全般を指す用語である。第四種は、明治維新以後に幕府諸藩による庇護を失って困窮した社寺を指しているが、「皇室御崇敬」と「武門の帰依」を並置しており、皇室との関わりを絶対視していない点に注意すべきであろう。そして、第五種は社寺境外の各種石碑などの記念物、第六種は陵墓を管轄する社寺、第七種は「勅願」などに由来する年中行事と関連した社寺である。

このように、当初の「古社寺」概念は、四〇〇年という創設からの年数を基準として大きく網をかけた上で、そこから漏れたもののうち、権力の庇護を失って困窮するものや、江戸時代の人文的評価に基づくもの、雑多な記念碑や陵墓、あるいは年中行事と関連したものを加えて成立している。したがって、斬新な四〇〇年基準以外は、江戸時代的な感覚が強く継承されていて、後に顕在化するナショナリズムの観点や皇室関係への特段の言及は見当たらない。

そして、七項目中でただ一つだけ現状に言及している第四種「維新変革の後維持の方法立て難きもの」の存在から、古社寺概念は危機に瀕する社寺のなかから今後も残すべき対象を選出しようとしたものであったことが明らかになる。ここで組織の「保存」という方針が明確に打ち出されているのである。

この「社寺保存内規」を受けて、基準に適合する社寺の選出が行われ、翌年までに官報告示されて周知されている。こうして選出された古社寺に対して行われた公的な助成の仕組みが「古社寺保存金」である。

古社寺保存金の支出内訳は、基金的な「永続保存資金」や各社寺が行う「修繕再建等」に対応する直接維持経費一万七〇〇〇円と、報労金や例祭や法会《ほうえ》を対象とする間接維持費二〇〇〇円に区分されるが、制度発足直後の一八八二年には永続保存資金の割合が全体の七割を超えており、あくまでも古社寺という組織の保存を目的としたものであったことは間違いない。これは、新築を示す再建に支出されていることからも明らかである。

ただし、古社寺の選出にあたっては、「旧社古刹《こさつ》古代の建物」の保存にも言及しており、また一八八三年以降には、古社寺保存費支出の条件として「古代の建物存在せる社寺」が提示され、特定の歴史的建造物に対する修繕にも支出されるようになっている。古社寺保存金は、組織維持を目的に、使途を限定せず多数の社寺に広く浅く支給するための基金という側面と、特定の歴史的建造物に対して修繕費を援助する仕組みの二つの性格を併せ持っていたとみなす清水重敦の見解は当を得ているだろう。

しかし、この時点では「古代の建物」に該当する建造物を区別する手段は伝承以外になく、さらに建設年代の古さ以外に建造物を評価し、特定するための価値判断の指標は存在していない。保存の対象が組織から建造物へと移行するには、保存すべき対象をどのようにして抽出するかが課題となったはずである。

古器旧物と宝物

以上のように古社寺という概念は、一八八〇年代に内務省の社寺行政から発生したものであるが、同時期にはそれとは別の視点からの社寺へのアプローチも始まっている。

神仏分離の際には仏像仏具などが直接的な破壊の対象となったが、明治初期の文明開化の風潮のなかで伝統文化全般を軽視する傾向も顕著となった。そうした風潮に対して、一八七一年に文部官僚の町田久成《まちだひさなり》（一八三八〜九七）は、大英博物館（一七五三年創設）を手本として、図書館や自然史関係の展示を併置した博物館構想を建議した。その結果、調査機関としての博物局が設置され、「古器旧物保存方」が太政官布告として発令された。

この布告に基づいて美術品等の目録が社寺から提出され、さらに一八七二年には文部省博覧会への出品物選定を目的とした調査事業が実施された（壬申《じんしん》検査）。なお、この時に正倉院《しょうそういん》が開封された事実はよく知られている。

ここでの「古器旧物」は「制度風俗の沿革を考証」するための存在と定義されていて、仏像仏具・書画・典籍・陶磁器・漆器《しっき》・刀剣など後に美術工芸品として把握されるもの以外に、古瓦・農具・工匠機械・衣服・度量権衡《どりょうけんこう》（計量に用いる道具）も含まれているので、学術資料としての評価が基本となっているのは明らかである。しかし、博物館での展示を念頭に置いたため、対象は動産に限られていて、不動産である建造物を対象としていない。

この博物館構想は、博覧会の開催とリンクしながら展開していくが、調査活動はその後も継続して実施され、やがて保存すべき重要なものという価値評価を含んだ「宝物《ほうもつ》」という概念へと転換していくことになる。

一八八八年に設立された「臨時全国宝物取調局」は、宮内省図書寮附属博物館の九鬼隆一《くきりゅういち》（一八五二〜一九三一）が中心となったもので、全国に調査員を派遣して、一八九七年までの間に、建造物を除く二一万五〇九一件の美術工芸品の調査を完了している。

このように一八九〇年代には、社寺明細帳・古器旧物の壬申検査・臨時全国宝物取調局の調査結果が集積され、古社寺を中心に全国の建造物・古器旧物・宝物の所在リストが作成できる段階に至った。その結果、膨大な情報のなかから何を評価して保存対象とするべきかという課題が表面化していったのである。

臨時全国宝物取調局では、調査と並行しながら「鑑査」、すなわち価値の評価を実施し、重要なもの約八千件を抽出している。この作業があって初めて、帝国博物館（一八八九年設置）の展示が可能となったのであり、取調局の業務を引き継いだ帝国博物館は、その後も鑑査の業務を継続している。

アーネスト・フェノロサ（一八五三〜一九〇八）や岡倉覚三《おかくらかくぞう》（天心《てんしん》、一八六三〜一九一三）らが主導した鑑査を通じて、西洋に倣《なら》った「絵画」「彫刻」「工芸」といった区分けが行われ、そのそれぞれで歴史的な変化を概観する日本美術史が構築されていく。この日本美術史上における位置づけこそ個別作品を評価する拠りどころであり、日本美術史は、調査・研究・評価・保存・展示というサイクルの要に位置するものとなった。そして、保存すべき美術工芸品を評価して選出する主体として、日本美術史学という学術領域が出現し、その研究者が専門家集団として機能するという構図が完成したのである。

一方、建造物に関しては、古器旧物の検査や臨時全国宝物取調局の調査に含まれておらず、日本美術史学は建造物の評価を行う主体とはなりえなかった。しかし、前項で言及した古社寺保存金の支出対象を選択する、すなわち保存すべき歴史的建造物を選出する必要性は高まっていた。そこに登場してきたのが近代学術分野としての建築学である。

近代建築学とコンドル

江戸時代の建設活動は、高い技術を経験的に蓄積した工匠家が中心となっていた。こうした工匠家では、第一章でみた大工書の作成などを通じた知見の体系化はみられたが、基本的には知識と技能は建設現場の実務を通じて次世代に伝授されるものだった。

一方、新しい西洋の建築技術は、書物を通じて原理を理解した日本人洋学者や、幕末に来日した外国人技術者を通じて導入された。しかし、幕末から明治初期に活躍した外国人技術者には本職の建築家は少なく、明治政府の依頼で大阪造幣寮や東京銀座の煉瓦街建設を担当したトーマス・ウォートルス（一八四二～九八）のように、土木建設関係全般をカバーする植民地で活躍する何でも屋の技術者が主流だった。

そのため、彼らが関与した建造物は、外国人は無論のこと、渡欧経験のある日本人から見ても本物の西洋建築とは大きく異なる紛《まが》いものであった。そこで、一八七二年頃から始まった不平等条約改正の動きのなかで、本格的な西洋建築を求める動きが本格化すると、その担い手が必要となった。同時にこの時期には、富国強兵のための近代産業育成が国家的な目標となり、高等技術者および技術官僚育成のための高等教育機関、「工部大学校」の設立が企画され、そこで西洋建築に精通した建築家が育成されることになる。

日本が工部大学校を企画した当時は、ヨーロッパでも工学教育は黎明《れいめい》期であった。ドイツでの工学の学位授与は一九世紀末まで遅れ、アメリカでマサチューセッツ工科大学が設立されたのは一八六一年のことである。そのため、工学教育の分野構成や確固たるカリキュラムは確立しておらず、イギリスのグラスゴー大学に工学部創設を目指していたウィリアム・ランキン（一八二〇〜七二）が策定した最先端の建学コンセプトに基づいて、工部大学校は創設された。

こうしてランキンの弟子ヘンリー・ダイヤー（一八四八〜一九一八）を教頭に迎えて、工部大学校は一八七三年に開校し、一八七八年に第一期卒業生を輩出した。以後、帝国大学工科大学・東京帝国大学工学部・東京大学工学部と名称は変化したが、一貫して日本の近代産業を牽《けん》引《いん》する人材を輩出する存在となっている。

開設当時の工部大学校は六年制で、当初は土木・機械・造家《ぞうか》・電信・舎密《せいみ》・冶金《やきん》・鉱山・造船の七学科と、附属機関である工部美術学校から構成されていた。そのうち造家学科が後の建築学科で、初代教授を務めたのはイギリス人のジョサイヤ・コンドル（一八五二〜一九二〇）である（図12）。

図12　コンドル像．東京大学構内の建築学科棟前に所在．

コンドルは、サウスケンジントン美術学校とロンドン大学を卒業している。当時のイギリスでは建築家の専門教育機関は美術系に属していて、美術的な能力と実技を重視していた。卒業後のコンドルは、中世ゴシック建築の復興やジャポニズム（日本趣味）の紹介者としても著名なウィリアム・バージェス（一八二七～八一）の下で働き、一八七六年には、当時の若手建築家の登竜門ともいえるソーン賞を受賞している。そして、すでに開学していた工部大学校造家学科教授として一八七七年に来日し、造家学科の基礎を築くと同時に、文明開化の象徴となった鹿鳴館《ろくめいかん》（一八八三年）や初代の東京帝室博物館本館（一八八二年、関東大震災で破壊）など国家を代表する建造物の設計も行った。

本国での輝かしい経歴を袖《そで》にして来日したコンドルは、ほとんど帰国することもなく終生を日本で過ごし、建築家として活動しながら、浮世絵師の河鍋暁斎《かわなべきょうさい》に弟子入りしたり、日本庭園についての著作を執筆するなどして、一九二〇年に東京で死去した。明治期に来日した外国人のなかにあって、本国での華麗な経歴と日本への執着で特別な存在といえ、現在でも日本近代建築の父として建築関係者の間では知らぬ人間はいない存在となっている。

様式主義の建築学

それではコンドルがもたらした一九世紀の建築学とはどのようなものだったのだろうか。

現在の工学教育においては、実験などの手技も重視はされるが、自然科学分野に基盤を置く理論研究が主体である。一方、コンドルが造家学科で実施した教育内容はこれとは異なり、「術・式」と称される実技的な内容が中心で、これに西洋画法や力学・材料学、あるいは建設現場の知見などを加味した、実学としての性格が色濃いものであった。これはコンドル自身が母国で学んだ内容とほぼ等しいものでもあった。

赴任直後のコンドルが教授した具体的な科目は、①製図・②材料学・③実務・④家屋配置・⑤装飾術・⑥建築史という六つの柱から構成されている。このうち、①製図は建築図面の描法の他に、与えられたテーマに沿った設計を行うもので、現在の建築教育でも最重要視されるものである。②材料学は自然科学的な内容で、後に構造力学や材料工学などに分化して、現在の工学的な建築教育では中核をなすが、当初の比率は決して高くない。③は契約や現場管理など実務に関する内容を教授するものである。このように①〜③は、建築学のカリキュラムとして現在も継続して実施されている。

一方、④以降は現在の建築学では失われるか、大きく内容が変化したものである。まず④家屋配置は間取りや建築群の配置を西洋の歴史的建造物の形態から学ぶもの、⑤装飾術は建築の表面を飾る装飾方法を西洋の歴史的建造物から学習するもの、⑥建築史はギリシャ・ローマ以降の西洋各時代の建築様式の特徴を学習するものであって、三つとも西洋の歴史的建造物の様式を隅々まで覚え込み、その細部形態や全体の比例などを自由に使いこなせるようになることを目的としたものである。①製図についても、歴史と関連した④〜⑥の科目内容を統合するものであるから、過去の建築様式を習得することが、いかに重要視されていたかが理解できよう。

こうした建築教育の背景には、西洋で確立した一九世紀的な建築家像がある。一九世紀の建築家は、近代社会が必要とする新たな建築の機能をみたしつつも、外観や内部のインテリアについては過去の様式を引用して再構成することが求められていたのである。

ここでの様式は、建築を特徴的な形態を持つ部分の集合体として捉え、その統合の方法や各部分のプロポーションに一定の傾向を見出して分類したものであり、さらには様式が発生した時代性や背景にある精神を重視していくものでもある。こうした歴史的な様式を基にして、その再構成によって新たな建築を設計していく考え方を「様式主義」と呼ぶが、一九世紀の建築家はその様式主義を基本としていたのである。

そして、様式主義の建築家にとって、過去の名建築は、新築の設計を行う上での手本・見本となるべき存在であるから、歴史的建造物の保存は欠かすことができないものとなる。ここに歴史的建造物に対する建築学の親和的なスタンスの根拠を指摘できる。

工部大学校造家学科の学生はコンドルを通じて様式主義を学んだが、コンドルが教授したのは西洋の歴史的様式のみで、日本建築に関しては全く扱われていなかった。

一八七九年に卒業した工部大学校造家学科の第一期生はわずか四人で、このなかで首席となったのが、東京駅舎の設計者として著名な旧佐賀唐津《からつ》藩士の辰野金吾《たつのきんご》（一八五四〜一九一九）である。辰野は卒業後に渡英し、恩師コンドルも勤務したウィリアム・バージェスの事務所に三年間勤務して帰国し、一八八四年にコンドルに代わって造家学科の教授に就任すると、在職した一九〇二年までの間に、後進の育成に従事しつつ、設計活動や建築を巡る社会制度の確立、学会の創設にもあたった。

辰野にはイギリス時代の有名な逸話がある。イギリス人から日本建築に対する質問を受けながら何一つ答えられなかったことを恥じて、西洋の様式を学ぶだけでは「劣った西洋人」にしかなれないことを自覚したというものである。

そこで、帰国して造家学科教授となった辰野は、名門工匠家の出身で宮内省の技師であった木子清敬《きごきよよし》（一八四五〜一九〇七）を招聘《しょうへい》して、一八八九年に日本建築史の講義を開始した。木子は江戸時代的な木造建築の特徴を講義しただけだったらしいが、講義の受講者から、伊東《いとう》忠太《ちゅうた》や関野貞《せきのただし》・松室重光《まつむろしげみつ》などが現れ、歴史的建造物の保存と日本建築史学の確立に大きな役割を果たすことになる。

三人のうち、まず伊東忠太（一八六七〜一九五四）についてみてみよう。

インド風の築地《つきじ》本願寺本堂（一九三四年）や震災記念堂（東京都慰霊堂、一九三〇年）など特異な外観の建造物の設計者として著名な伊東忠太は、一八九二年に帝国大学工科大学造家学科を卒業した後に大学院に進学し、翌年に「法隆寺建築論」を発表し、一九〇一年には建築分野で初の博士号を取得している。一八九七年に母校の講師となったが、一九〇二年から三か年に及ぶアジア踏破を実施し、この途上で大谷《おおたに》探検隊を率いていた大谷光瑞《こうずい》（後の本願寺法主《ほっす》）の知遇を得たことが、築地本願寺の設計に繋がっている（図13）。

図13　築地本願寺．仏教の源流であるインドの建築様式を採用．
写真：著者撮影，築地本願寺より掲載許諾済み．

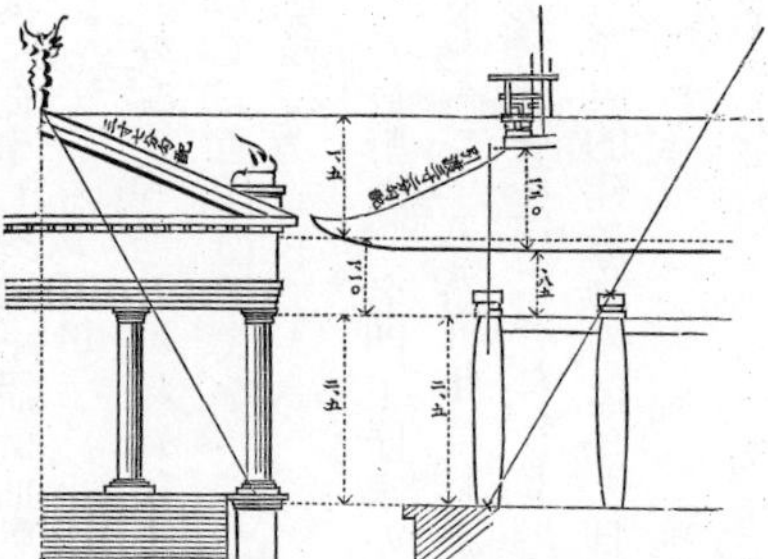

図14　「法隆寺建築論」挿図．ギリシャ神殿（左）と法隆寺の建築（右）のプロポーション比較図．
出典：『建築雑誌』83号（造家学会，1893年）．

伊東忠太が執筆した「法隆寺建築論」は、法隆寺西院の建造物群を日本最古の建造物と判断したものであるが、その研究手法は建設年代を示す文字史料の記載のみに頼らず、建築そのものの調査と分析からアプローチしたものであった。

伊東の研究は、建築をまず柱や軒下《のき》の組物などの細部に分解して、それぞれの形状を精密に記録し、さらに建築各部の高さや幅の寸法を記録するといった手法に基づいている。そして、細部の形状や各部のプロポーションなどを複数の建造物で比較検討することで、互いに似通った特徴となるグループ、すなわち様式を抽出し、その様式が特定の時代と対応するという仮説の下に歴史的な変遷過程を導き出そうとしている（図14）。

こうした手法で建造物を観察した場合、法隆寺西院の建造物群は、エンタシスと呼ばれる膨らみのある柱や雲形の組物などの細部は無論のこと、柱の間隔と軒高の比例などプロポーションも他に類似するものが存在しない独自の様式であることが明らかとなり、最古の建造物と位置づけることが可能となったのである。

こうした伊東の研究手法は、西洋建築の様式史の手法を応用したもので、格別目新しいものではない。しかし、この分析手法はあらゆる建造物に適用可能で、日本の歴史的建造物を分類整理し、その知見を新築に応用できるようにしたことの意義は大きい。

このように、一九世紀的な様式主義の建築家であった伊東にとって、歴史的建造物の調査や研究は、新築の設計行為を行うための前提であったから、歴史的建造物の保存は必要不可欠であった。そして、新築設計にあたってのモデルを提供するのは、建設当初の純粋な様式であるから、改造が繰り返された歴史的建造物を「復元」しようとする姿勢もまた当然のものとなった。ここに保存と復元を求める建築学の立場を確認できる。

そして、伊東忠太は、一八九五年に前述した臨時全国宝物取調局鑑査掛に就任し、社寺建造物に対する全国規模の調査を開始した。すでに「法隆寺建築論」などで確立していた調査手法を用いて、多くの歴史的建造物の調査を行って様式に則った整理を行い、その整理に基づいて、保存すべき建造物を選出するといった道程を示したのである。

なお、architecture の訳語であった「造家」という用語を即物的であると批判して、芸術的ないしは思想的な意味合いを含んだ「建築」の語をあてるべきだと主張したのも伊東忠太である(一八九四年)。この主張は認められ、帝国大学工科大学造家学科は一八九七年に建築学科に改称している。

古社寺保存法

西洋の歴史的な様式に基づく建築学の導入と、その手法に触発された伊東による日本建築史の構築作業によって、歴史的建造物の価値を評価し、保存対象を選出することが可能となった。これは保存のための前提条件が整ったことを意味している。ただし、そのための社会制度が構築されるには最後の一押しが必要であった。それがナショナリズムである。

尊皇攘夷は明治維新を実現した幕末の政治思想の根幹をなすものである。このうち尊皇は国家の基本理念となり、大日本帝国憲法制定によって制度的にも確立したが、攘夷は幕末の薩英《さつえい》戦争などを通じて実現性を失い、逆に維新後の文明開化の風潮のなかでは、欧米の文物を先進的なものとして積極的に受容する傾向が一般化した。

しかし、西洋化にあたっても、「和魂洋才」、すなわち日本的な価値観の下で表層的な技術に限定して西洋文明を受容することが当初から求められている。前述した辰野金吾のイギリスでの逸話の背景にもこの意識が指摘できる。そして明治中期に至ると、社会の安定とともに、西洋化一辺倒の風潮は次第に弱まり、日本的なものへの回帰が始まっている。

一八八八年には、雑誌『日本人』の刊行が始まり、そこでは欧化政策への反撥と国粋主義・日本主義が主張されている。志賀重昂《しがしげたか》『日本風景論』（一八九四年）は、各地の風景を地理学や地質学の知見を応用しながら称揚し、江戸時代的感覚を継承しつつも、新たな視点から国土の美を評価する視座を提供したものである。

こうした日本回帰の現象は、一八九五年に終結した日清《にっしん》戦争によってさらに加速している。それまで、東アジア世界において絶大な地位と権威を有していた中国の統一王朝に対して、衰退期にあったとはいえ、勝利した意味は大きい。また戦後の三国干渉による列強の介入も相まって、社会的ムーヴメントとしてのナショナリズムが盛り上がったのである。

「古社寺保存に関する建議案」は、この日清戦争の最中、一八九五年二月の第八回帝国議会に、京都府選出の竹村藤兵衛《たけむらとうべえ》他三人が連名で提出したものである。

この建議案では、高揚するナショナリズムを背景に「皇国の美術は万邦に冠たり」と宣言した上で、美術品を所有する社寺の窮状と「美術の淵源たる古社寺の存廃器物の散逸は実に皇国光栄の関する所なり」という現状分析が記されている。竹村藤兵衛は京都府選出議員として社寺の窮状を十分に承知していたであろうが、ここでの主張にはそれ以前の古社寺保存の論拠となっていた組織維持は弱まり、あくまでもナショナリズムを表象する「皇国の美術」を保存するために「古社寺」を援助するという論理に置き換わっている。

ただしこの建議案で主張された具体的な施策は、組織維持を主たる目的としていた古社寺保存金の拡充であって、全国四六六三の古社寺に対する維持保存費を前年度の二〇倍にするというものであったから、目的と手法との間には乖離《かいり》がみられたといってよい。

この建議案は、委員会に付託された後の三月に帝国議会で決議された。委員長を務めたジャーナリスト出身の土居光華《どいこうか》（一八四七〜一九一八）は、審議の席で「美術と云ふものを保護したい、それに就いては古社寺を保護するが第一に簡便法である」とし、具体的な対象を「建築上の保存と什器の保存」と述べている。この土居の言説から、あくまでも「建築」と「什器」を保存することが目的であって、そのための手段として古社寺という限定を行ったことを理解できる。

そしてこの決議に従って、同年の四月には内務省内に保存のための専門家から構成される

「古社寺保存会」が設置され、五月には伊東忠太を含む委員が選出されている。そして一八九七年に「古社寺保存法」が成立し、本格的な保存事業が開始されたのである。

古社寺保存法の評価基準

古社寺保存法の最大の特徴は、保存すべき対象を古社寺という組織から「建造物及宝物類」という物体に転換したことにある（第一条）。そして保存されるべき対象を「特別保護建造物」（不動産である建造物）と「国宝」（動産である宝物類）に区別していることも特徴の一つである（第四条）。

ここで問題となるのは、どのような根拠の下で特別保護建造物が選出されたかである。これについては古社寺保存法の第四条に、

> 社寺の建造物及宝物類にして特に歴史の証徴又は美術の模範となるべきものは古社寺保存会に諮詢《しじゅん》し内務大臣に於て特別保護建造物又は国宝の資格あるものと定むる

とあって、日本の歴史を証明する存在であるか（「歴史の証徴」）、優れた美術作品であることを求めている（「美術の模範」）。すなわち、勃興するナショナリズムを体現する存在であることを価値の源泉としているのである。

ただし、この二つの規定は具体的に対象を選出する上での価値判断基準としては曖昧で抽象的にすぎる。そこで、古社寺保存法に合わせて制定された「古社寺保存金出願規則」をみると、第一条に以下の記述があることに気づく。

古社寺保存金は全国著名の神社寺院に属する名所旧蹟の古建築碑並に神社寺院所伝の宝物古文書図面彫刻及その他の什物類にして左項の一に該当するものに限り之を下附するものとす

一　歴代の皇室皇族並に武門武将に深厚の由緒ある物
二　国史上顕著明晰なる物
三　壮麗精妙にして美術の模範となるべき物
四　名所旧蹟の風致美観に関係ある物
五　従前式年造営を為したる神社寺院
六　文明十八年以前の建築に係る建物を有する神社寺院
七　元禄十六年以前の建築に係る建物を有する神社寺院にして本条第一号第二号第三号又は第四号に該当するもの

ここで列記された事項を前述した一八八〇年の「社寺保存内規」と比較してみると、皇室や武将など歴史上の著名な人物との関係を求めた一、江戸時代的な名所観を継承した環境評価である四は、ほぼ同一内容であるから、二・三・五・六・七が新たに加えられた価値評価基準である。

このうち二が記す「国史」は現代的な意味での日本史ではなく、天皇が統《す》べる日本特有の歴史観と解釈すべきもので、ここにナショナリズムの意識が反映しているが、この判断は歴史学が担うべきものである。三は美術作品としての完成度を求めたもので、この判断は美術史学や建築学が担うべきものとなる。五で言及された式年造替の神社寺院については、幕末に新造された上下賀茂神社や春日大社などを対象とするための規定である。

注目すべきは六で、文明一八年（一四八六）という年代はそれまでの古社寺の規定と同一であるが、ここでは組織の創設年ではなく、建造物の建設年代を示すものに変更されている。そして七は新たに登場した二〇〇年基準であって、六と同様に建造物の建設年代を示し、一から四の項目との重複を求めていることに注意しておきたい。なおここで登場した元禄一六年（一七〇三）についても、おおむね二〇〇年という以外の確たる根拠は見出せないが、元禄期を過ぎた一八世紀以降の建築の残存率がそれ以前よりも圧倒的に高いことは知られているので、一定の稀少性を理由に設けられた基準であるかもしれない。

このように、古社寺保存法の評価基準は、それ以前の評価基準を踏襲しながら、「歴史の証徴」に関しては、組織ではなく建造物自体に四〇〇年・二〇〇年という明快な年代基準を設定した上で、皇室と国家を重視した内容を加え、さらに作品としての優秀さを求める「美術の模範」という評価基準を導入している。

以上のような評価基準が示されているが、こうした基準に該当する物件は極めて多数存在しており、選出にあたっての必要条件を提示したにすぎない。

ここで古社寺保存法の条文をみると、指定および助成対象の決定という重要事項に関して、「古社寺保存会」への諮問《しもん》を義務づけている（第二条・第四条）。この歴史学・美術史学・建築学の専門家によって構成される古社寺保存会こそ、特別保護建造物や国宝の実質的な選考を行う主体であった。最初期に古社寺保存会の建造物関係の委員となったのは、前述の木子清敬と伊東忠太の二名に、工部大学校を中退してアメリカのコーネル大学に学び、帰国後は官僚建築家として活躍した妻木頼黄《つまきよりなか》（一八五九～一九一六）を加えた三名である。

古社寺保存会設置の時点では、従来からの組織維持の観点から、古社寺の建造物修理に対する助成と特別保護建造物の指定は別物と考えられており、古社寺保存法でも両者は区別して規定された（第一条と第四条）。しかし運用に際しては、修理助成対象と特別保護建造物の指定は連動しており、木子・伊東・妻木の三人が具体的な制度設計の際に変更したと想定できるが、詳細に関しては不明である。

特別保護建造物の選出

古社寺保存会の建造物関係のメンバーは前記三名だったが、工匠の家系を継ぐ木子や西洋の様式建築のみに通じる妻木は、特別保護建造物の選出に深くは関与しなかったようである。選出の中心となったのは伊東忠太など若い世代で、この時点までに集積されていた社寺の明細帳の他に、四〇〇年基準に合致するものをまとめた一八八二年の目録などを参照して特別保護建造物を選出したことが、清水重敦の研究によって明らかになっている。

一八九七年頃に作成された三種類の「等級表」は、この特別保護建造物選出にあたっての予備作業を記録したものである。このうちの一つは、全国一一府県に所在する一八九件の建造物を、甲種七三件・乙種四八件・丙種六八件に分類し、さらに時代順に配置したものである。記載された一一府県は、伊東忠太が調査を行った府県と合致し、また時代区分の方法も伊東独自のものであるから、伊東忠太自身が作成したものと考えられている。

この等級表を見ると、建造物の建設年代判定は、細部形状・各部のプロポーション・構造などによる様式的判断に基づいていて、特定の時代に偏ることなく推古《すいこ》式から徳川式まで各時代を網羅して選出し、本堂の他にも塔・門・多宝塔などさまざまな形式の建造物をもれなく選出している。西洋建築学の手法を用いた様式的観点で分類を行った上で、その様式を代表する建造物を選出したことは明らかであろう。

この伊東が作成した等級表の他に、当時奈良県技師だった関野貞が作成した奈良県の等級表、京都府技師だった松室重光が作成した京都府の等級表も現存している。この二人については次章で詳述するが、ともに伊東と同様に帝国大学工科大学で建築学を学んでおり、その価値判断には西洋の様式主義的建築観が反映している。ただし、関野作成の奈良県の等級表は、中世以前に遡る本堂・本殿などの中核建築に対象をほぼ限定しており、伊東の評価とは異なる部分もある。松室作成の京都府の等級表も、住宅系の建築や周囲の環境を合わせて評価した境内を選出するなど、ここでも伊東の評価基準とは相違する部分が散見される。

こうして三人が主体となって作成した等級表がベースとなって、その後の特別保護建造物指定は進捗《しんちょく》していく。特に伊東が作成した等級表の甲種七三件中のうち、一九〇四年までに六八件が特別保護建造物に指定されていて、その影響力の強さが窺《うかが》える。

このように古社寺保存法に基づく特別保護建造物の指定は、奈良・平安の古代建築や中世の大型建築を優先しながらも、時代的あるいは形式別にも広く目配りがされており、西洋に由来する一九世紀的な様式主義の建築観が色濃く反映したものとなっている。

一方、特別保護建造物の具体的な選出においては、古社寺保存法成立の契機となったナショナリズムの直接的な影響は確認できず、皇室や国史との関係性を特段に重視した形跡はみられない。あくまでも、伊東忠太に代表される建築の専門家集団が、様式主義的な建築学の視点に則って行った価値判断が優先されているのである。

以上のように、明治初期の破壊の時代から、紆余曲折《うよきょくせつ》を経ながらも、組織を対象とした古社寺概念の創出を経て、古社寺保存法を枠組みとした制度の下で歴史的建造物の保存が図られるようになる。法の条文ではナショナリズムが濃厚で、江戸時代以前の名所観も継承されているが、具体的な保存対象の選出にあたっては、建築学による様式に基づいた価値評価基準が支配的であることを再び強調しておきたい。

こうして保存すべき歴史的建造物の抽出が行われるようになったが、すぐさま、それをどのように修理していくかという課題に直面していくことになる。

第三章　修理と復元——社寺

木造建造物の修理

第一章でも述べたが、日本の木造建造物が千年以上の寿命を保っているのは定期的な修理が行われてきたからである。

木造建造物の修理は大きく三つの段階に区分される。まず不具合が生じた箇所の機能を復旧する「補修」は、必要に応じて随時行われる。続いて、屋根の葺《ふ》き替えや壁の塗り替えなどの「部分修理」は数十年単位で行われるもので、特に多雨気候の日本では屋根修理は二十〜三十年のスパンで必ず実施される。そして百年から二百年に一度行われる「根本修理」は、基礎も含めて全てを是正する大がかりなもので、柱まで倒して完全に更地に戻す「解体修理」と、屋根や壁は外すが柱や梁は分解しない「半解体修理」に区分される。

建設年代が中世まで遡る建造物では、ほぼ全てが数回の根本修理を経ており、江戸時代の建築でも一回は根本修理が行われている場合が多い。このように、日本の木造建造物は長短のインターバルで定期的に修理を行ってその寿命を延ばしてきたのである。

ここで問題となるのは、建造物を造り上げる構造技術や使用方法、そして空間に対する感覚が、長い時間のなかで大きく変化することである。例えば奈良時代に建設された建造物であっても、平安時代の修理では平安時代の技術と用途に対応し、江戸時代の修理では江戸時代の技術と用途に対応するように改造が行われる。そのため、根本修理を契機として建造物の形態は変化し、場合によっては似ても似つかないものへと変貌を遂げる。繰り返された修理によって歴史的建造物には各時代の姿が共存し、それは魅力の源泉となると同時に、価値評価を複雑化させ、現代の修理を困難なものにしてしまう。

建造物や美術工芸品の文化的な価値は、あくまでも現在の状態から評価される。美術工芸品にあっては、長い時間のなかでの劣化や損傷はあっても、作成された当初と現状の姿に大きな相違はない。そして修理を行う場合にも、現状を変更しない、あるいは微細な変更にとどめるという原則が厳守される。

一方、建造物の現状には過去の幾度もの修理の結果が積層し、一見しただけではどの部分がいつの修理のものかが不明で、修理の際に部材の解体を行って初めて明らかになる場合も多い。したがって建造物を修理する場合、積層した各時代をどのように捉えるのか、またどのような状態を目指して修理を行うのかという課題を背負うことになる。そのなかで、建設当初の姿に戻す「復元」は、修理方針の選択肢の一つとして浮かび上がる。

このように、歴史的建造物の価値評価と修理方針は互いにリンクしており、そのため、一八九七年(明治三〇)に古社寺保存法に基づく修理が開始されると、修理方針を巡って数々の議論が巻き起こった。この間の議論は、歴史的建造物の価値の根幹と関わるものが多く、第二章でも引用した清水重敦・山崎幹泰の他に水漉《みずこし》(平賀《ひらが》)あまな・青柳憲昌《あおやぎのりまさ》らによって、近年、研究が大きく進展している。そこで、これらの研究に依拠しながら、修理と復元に起因する価値評価の議論についてみていこう。

建築学と復元思想

それでは明治以降の歴史的建造物の修理はどのように行われていったのだろうか。順を追ってみていこう。

第二章でみたように、古社寺保存法以前においても、古社寺保存金を用いた社寺建造物の修理は実施されている。ここでの修理では、実測図面の作成など新しい試みも行われたが、従来から社寺と関係があった工匠が担当しており、必要に応じて現状の変更も行われているから、江戸時代的な状況が継続したものとみなせるだろう。しかし、一八九七年に古社寺保存法が制定されると、こうした江戸時代的な状況に変化が訪れる。

古社寺保存法は、特別保護建造物の維持と公開を求めた上で、修理については「地方長官」

が「指揮監督」すると定めている（第三条）。つまり、所有者の恣意的な判断に基づく修理を否定して、内務省の指揮下にあった府県が主体となるシステムを導入している。これは法制定の時点で修理の重要性を想定していたからであろう。

この仕組みの下で、奈良・京都を皮切りに特別保護建造物の修理が始まるが、そこで実際の修理を指揮したのは、近代建築学を学んだ上で府県の技師として派遣された建築家で、彼らが修理の際に導入した理念こそ、建設当初の姿に戻す「復元」であった。

復元（復原）の本来の語義は、暦が一巡して元の状態に戻ることを指し、転じて最初の状態に戻ることを意味するようになったものである。復元に類似する発想は、第一章で述べた京都御所の再建のようにすでに江戸時代に萌芽していたが、明治の建築家が歴史的建造物の修理にあたって復元を行ったのは、西洋で発達した近代建築学の影響によるものである。

近代建築学の父と称されるフランスのヴィオレ・ル・デュク（一八一四〜七九）は、西洋中世の教会堂で採用されたゴシック建築を構造面から解析し、その形態を合理的に解釈した人物で、それまで哲学的・美学的だった様式の議論に構造合理主義を持ち込んで理論体系を打ち立てた。そのためヴィオレ・ル・デュクは、構造的に最も合理的な姿をもって理想とし、その理想像を純粋な様式として仮想して、実在する歴史的建造物を評価すると同時に、新築の設計にも応用した。さらに、修理にあたってもこの理想とする様式観をあてはめ、失われた部分や改変された部分を大胆に創作して復元を行った。

図15　パリのノートルダム大聖堂．上部の尖塔は19世紀中期にヴィオレ・ル・デュクが復元設計したもので2019年の火災で炎上．
出典：フリー素材（https://publicdomainq.net/notre-dame-de-paris-0020242/）から加工．

こうした立場から、ヴィオレ・ル・デュクはパリのノートルダム大聖堂の一八五七年の修理に際して、失われていた尖塔《せんとう》を一四世紀に仮託して創作的に復元している（図15）。二〇一九年に焼失した尖塔はこのときに創られたものである。また一八六〇年から実施されたピエールフォン城の修理では、廃墟《はいきょ》化し失われていた上方部分を創作的に復元した。

ヴィオレ・ル・デュクの復元は同時代人から批判を受けている。その批判の根拠はさまざまであったが、根拠が薄弱な創作を復元の名の下に行ったことへの批判は強烈なものとなった。しかし、歴史的な様式を応用して新築設計を行う一九世紀の様式主義的な建築観とヴィオレ・ル・デュクが行った復元行為との間に矛盾はなく、明治の建築家にとっても自然な発想となっていたのである。

関野貞の修理――新薬師寺本堂・唐招提寺金堂

府県に派遣された建築家の先駆的な存在が、第二章の末尾で等級表の作成者として触れた関野貞と松室重光である。

まず関野貞（一八六八～一九三五）は、後に伊東忠太とともに帝国大学建築学科で建築史学の教授を務めた人物で、個別社寺の歴史研究や平城宮跡の特定などで歴史学全体に大きな影響を与えたため、研究者としてのイメージが色濃い。しかし、一八九五年に帝国大学を卒業した後に、辰野金吾による日本銀行本店設計の業務に携わり、自ら奈良県物産陳列所（一九〇二年）などの設計も行っているから、実務的な建築家としての側面も持ち合わせていた。

関野は、一八九六年に古社寺保存会の調査に参加し、翌年に奈良県で歴史的建造物の調査に従事した後、奈良県の営繕業務と古社寺の修理を担当する技師に就任した。

奈良県技師時代の関野が執筆した「古社寺建造物保存調査復命書」には、「建築物の価値を判定」する上での見解が記述されている。そこでは、最も重視すべき事項として「技術上の価値」を挙げ、さらにその「技術上の価値」は「意匠の巧拙構造の良否材料の如何《いかん》」を勘案して評価すべきであるが、「構造の良否材料の如何」は時代によって進歩し、また投じられた「資額」によって左右されるから、本当に重要なのは「意匠」であって、「全く建築家の手腕天才に属し建築物をして崇高優美奇抜の観を呈し初めて美術的の者とならしむる」、すなわち建築家の手腕や才能が創り出したデザインこそ最も価値があるもの、と断じている。その上で建築の来歴などの歴史的な価値（「建築沿革上の価値」）には副次的な意味しか認めていない。

この関野の認識は一九世紀的な建築家の発想に基づくものであることは明らかで、構造技術や材料、あるいは歴史的な沿革に言及しつつも、意匠すなわち目に見える外観および内部のデザインを重視して評価していることが確認できる。これは、内外から視認できない隠された部分の技術的な工夫や建築部材を等閑視する視点に繋がるものでもある。

こうした思想を持った関野が奈良県技師として修理を担当した物件は、新薬師寺《しんやくしじ》本堂・法起寺《ほっきじ》三重塔・唐招提寺《とうしょうだいじ》金堂・薬師寺東塔・秋篠寺《あきしのでら》本堂・室生寺《むろうじ》五重塔など多数に及ぶが、そのなかで最初に手がけた新薬師寺本堂の修理についてみてみよう（図16）。

図16　復元された新薬師寺本堂.
写真：山内康弘／アフロ.

図17　修理前の新薬師寺本堂. 上写真（外観）では前面に増築された礼堂, 下写真（内部）では後世に付加された天井が確認できる.
出典：『奈良県文化財保存事務所蔵　文化財建造物保存修理事業撮影写真』前掲.

新薬師寺本堂は、古社寺保存法が制定された一八九七年一二月に特別保護建造物に指定されており、最初期の指定物件に該当するものである。その正確な建設年代は明らかではないが、指定当時から、おおまかな寺歴と建築各部の意匠形態などの特徴から、奈良時代の八世紀に遡る建築と推定されており、その推定は現在でも変わっていない。後世の改造箇所は比較的少ないが、一八九七年の時点で、正面側に細長い礼拝用の礼堂が増築され、室内には天井が貼られるなど、奈良時代の姿からはかなり変貌していた（図17）。

関野貞の監督の下、大工の川村文吉が補佐して行われた修理事業は、指定以前の一八九七年一月に開始され、解体修理でありながら早くも翌年の四月には竣工《しゅんこう》している。ここで関野が採用した修理方針については、一八九七年五月の『建築雑誌』に掲載された以下の記事から確認できる。

修繕に関しては厳密に旧時の様式を守るべきは勿論《もちろん》猶《なお》後世の修補にかゝり旧観を失したる者にして今日より知り得べき者は成べく復古せしむるの方針なりと聞く

この記述から、関野は、後世に改造された部分を全て撤去して、建設当初、八世紀の意匠形態への復元を目指したことが判明する。実際にこの方針に沿って修理は実施され、外観や内部の意匠以外にも、設計の基準となる寸法を変更し、腐朽《ふきゅう》した部材を大胆に取り替えたため、修

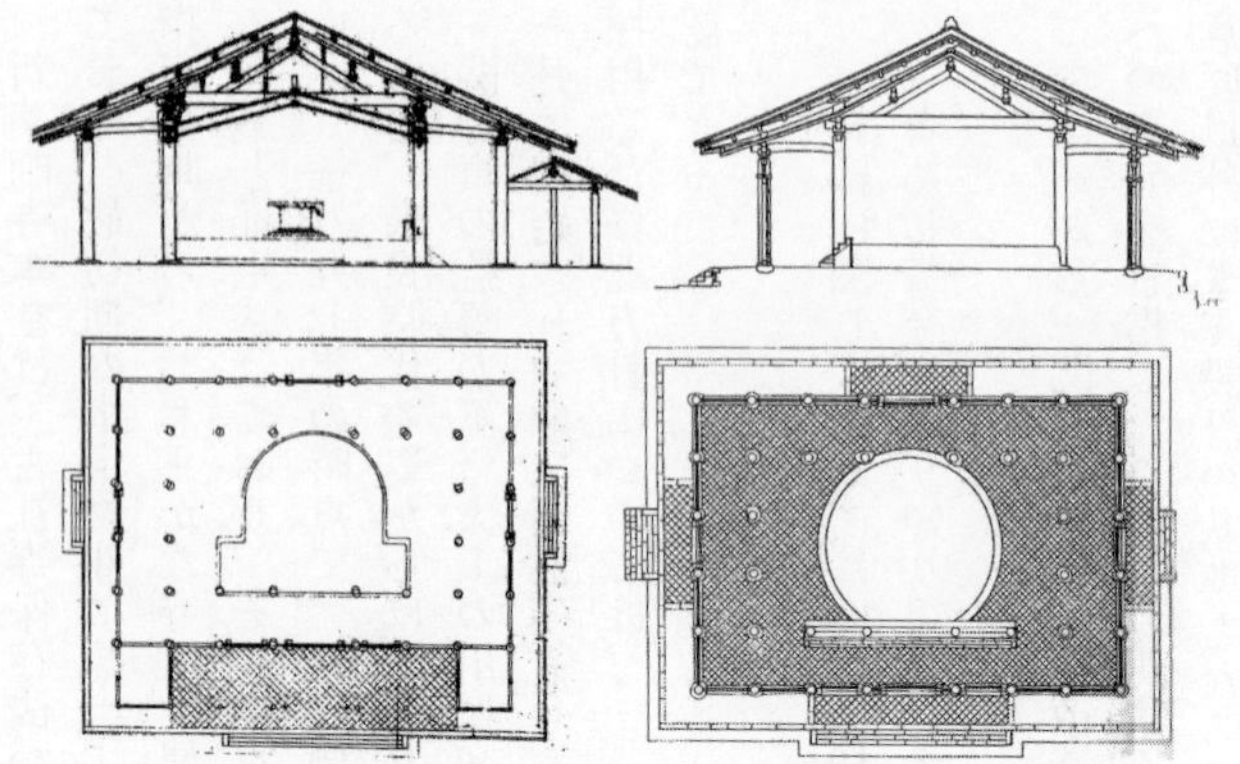

図18　新薬師寺本堂．修理前後の図面．左が修理前，右が修理後，前面の礼堂と室内天井が撤去されている．
出典：清水重敦『建築保存概念の生成史』（中央公論美術出版，2013年）より転載．

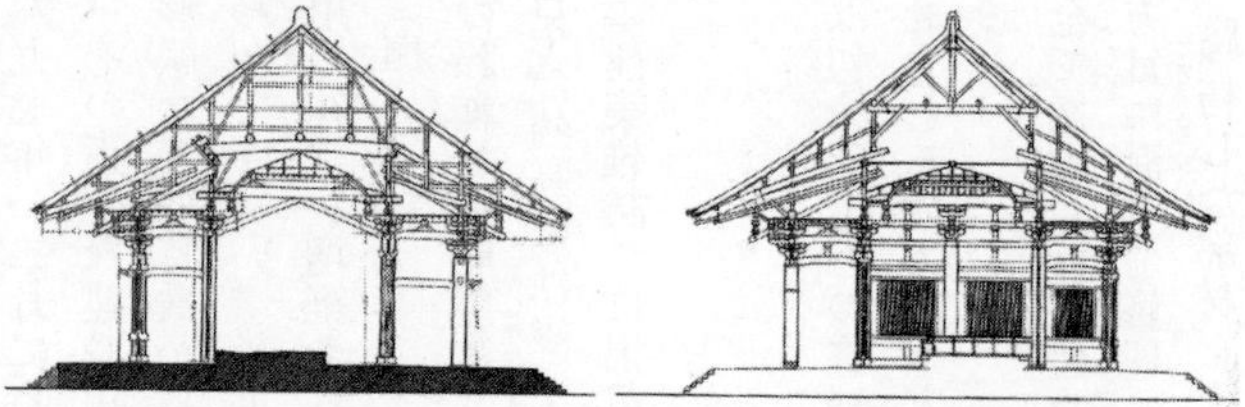

図19　唐招提寺金堂．修理前後の図面．左が修理前，右が修理後，屋根構造などが大きく変化している．
出典：同前．

理以前とは大きく異なる姿となり、残っていた古材が多く失われた（図18）。

こうした復元を求める関野の姿勢は、一八九八年から翌年にかけて実施された唐招提寺金堂の修理でも確認できる。

八世紀末に建設された唐招提寺金堂は、明治までに計四回の根本修理を経ており、このうち一六九四年（元禄七）の修理は、構造システム自体を変更する大がかりなもので、部材の交換や付加が大胆に行われていた（図19）。

これに対して、関野は復元を指向し、元禄修理の際に付け加えられた補強材を撤去し、それを補完するように柱を新材に取り替え、内外から見えない屋根を支える小屋組にはトラスと呼ばれる西洋式の技術を導入した。こうした修理工事を実施したために、多くの古材が破棄されることになり、また奈良時代の形態が不明であった屋根や軒の曲線等では、様式概念に倣った創作が行われてしまった。

修理への批判と辻テーゼ

以上のように、古社寺保存法下での最初期の修理となった新薬師寺本堂と唐招提寺金堂では、一九世紀的な様式主義の理念に沿って、関野は創作的な復元を実施した。しかし、これまでの見慣れた姿が、復元という名の修理によって激変したことの波紋は大きく、すぐさま修理に対する批判的な言説が発表された。

まず新薬師寺本堂修理の翌年、一八九九年五月には、雑誌『太陽』に高山樗牛《たかやまちょぎゅう》「古社寺及び古美術の保存を論ず」が掲載された。その内容は、歴史的建造物の修理にあたっては、現状維持・当初復元・別の場所にレプリカを建設、という三つの方針が存在すると主張した上で、十分な議論がないままに行われた復元に対する疑義が表明された。

続いて『中央公論』の一九〇〇年七月号に掲載されたのが、水谷仙次《みずたにせんじ》「古社寺保存に就《つい》て」である。近世文学研究者の水谷不倒《ふとう》（一八五八〜一九四三）と推定されている水谷仙次の主張は、

本来の古式に還へすてふ美名の下に、全然破却、改築の厄に遭へるに非ずや。

すなわち「本来の古式」に復元すると言ってはいるが、破壊あるいは改築ではないのかと疑問を呈し、関野が採用した復元の内容を以下のように詳細かつ痛烈に批判し、修理における現状維持を主張している。

新薬師寺のとりくずしは、足利の蟇股《かえるまた》なりとて剝ぎ去られ、鎌倉の向拝《ごはい》なりとて壊《こぼ》ちすてられ、梁は何、棰《たるき》は何とて改められたる者、実に其数を知らず、或は、他の同式のものなりと云ひて、或は三月堂の装飾に倣《なら》ひ、唐招提寺の斗拱を模し、以て考証を重ぬると称し、却りて其《その》徵拠の資料をして単調ならしむるに想到せず、特に其巴瓦唐学瓦の模様の如

き古代新薬師寺のものを求めたるに非ず、いふ所の古瓦天平文様を集め、別に考定したる所なりといふ。

ここでは、後世（「足利」「鎌倉」）のものであるという理由から、「蟇股」や「向拝」などの各部が除却されたことに加え、奈良時代の形態が残っていない部分について、他の奈良時代の建造物（「東大寺」三月堂」「唐招提寺」）に倣って創作し、結果として多様性を失ったことを強く批判している。さらには、「其内部小屋組等の構造には、必ずや予期せざりし多くの手法に遭遇したらん」とも記していて、外側から確認できない「内部小屋組等」には予期しないような技術的な手法が潜んでいるのではないかと、価値の潜在性にも言及している。ここでの水谷の批判は現代にあっても通用する極めて高度な議論である。

修理によって大きく姿を変えた新薬師寺本堂に対して違和感を感じていた者は多かったようで、水谷の批判には大きな反響があった。その結果、水谷の批判に対して関野を擁護する立場での論説も発表されている。それが一九〇一年二月の『歴史地理』に掲載された、辻善之助《つじぜんのすけ》「古社寺保存の方法についての世評を論ず」である。

辻善之助（一八七七～一九五五）は後に帝国大学教授として、大著『日本仏教史』を著すが、この時点では前年に大学院に進学したばかりの若手研究者である。

この辻の論考では、水谷に反駁《はんばく》して以下のように記している。

在来のまゝ保存して厘毫《りごう》も現形を改むること無く修繕を行へよといはんは、不可能の事なり。（中略）現状を持続して有の儘《まま》に保存すべしといふは、修繕を加へずして、其破壊し了《おわ》るまで放任せよといふに均《ひと》し、

つまり、全く現状を変更しない修理は実施不可能で、完全な現状維持を目指せば、それは修理をしないで壊れるまで放置することになる、という現実論をまず述べている。その上で批判に終わらずに、「技師諸氏の意見」を参考にして、修理の理念を七つの事項にまとめている。少し長いが重要な内容なので以下に列記しておこう。

①忠実に古式を保存するにあり。（原則は「古式」の維持保存）

②若し後世無稽の工を加へて為にその建築の形式を損害するが如きものは、その原形式明瞭なる場合には之を復旧す。（明確な証拠がある場合には後世の改造箇所を撤去して復元）

③若しまた後世の加工なるか、はた創立の際における手法なるか疑はしきものは姑《しばら》く疑を存して漫《みだり》に取捨せず、その儘になしおきて後日の研究に資す。（当初か後世の改造かが不明な場合には現状形式を維持して復元は行わない）

④若しまた後世の附加なることを知るも、原形如何を詳《つまびらか》にせざるときは、漫に想像に由

りて復旧を試みず。（後世の改造であることが確かでも当初の形態が不明な場合には復元しない）
⑤若し夫れ後世の加工と雖も、特に歴史上美術上等に価値あるものは、之を保存す。（後世の改造箇所であっても価値がある場合には復元せずに保存）
⑥形式に関せざる構造の方法は、堅牢の為めには、在来のものを襲用せざることあり。（隠された構造に関しては、堅牢性確保のために在来の部材や方法を踏襲せず、新技術を導入することを許容）
⑦古材は能《あた》ふ限り之を応用し、古色は成るべく之を保存す。（古材は廃棄せずになるべく再利用し、古色も保存）

以上の内容は、復元を目指しつつも、批判に耐えうるような原則を提示したものであり、若手の歴史学研究者が単独で執筆できる内容ではない。論説の冒頭に「修理の主任技師工学士関野貞君について、その説明をきゝ、かさねて、同君の嚮導《きょうどう》により、それらの社寺を歴訪」と記載されていることから、辻の筆を通じて関野の思想を表明したものと考えるほうが適切であろう。『歴史地理』所収のものと全く同内容の論考が、建築学会の機関誌である『建築雑誌』同年同月号にも掲載されているので、今後の修理を主導する建築家に向けての関野からのメッセージであったのかもしれない。

図20　松室重光設計の京都府庁本館.

復元への躊躇——浄瑠璃寺本堂

復元に対して厳しい批判がなされている状況下にあっても、古社寺保存法に基づく特別保護建造物の指定作業は進捗し、その修理も各地で進行している。

そのうち京都府では、等級表の作成にも関与した松室重光（一八七三〜一九三七）の主導で修理が行われている。京都府生まれの松室重光は、関野の二年後、一八九七年に帝国大学造家学科を卒業し、翌年に京都府技師に就任している。六年間の京都府在籍時には、古社寺調査や修理以外に新築の設計にも従事し、その後も武徳殿《ぶとくでん》（一八九九年・重要文化財）や京都府庁本館（一九〇四年・重要文化財）の設計を行い、旧満洲《まんしゅう》でも新築設計に従事するなど、実務的な建築家として活躍した人物である（図20）。

歴史的建造物修理に対する松室の姿勢を、赴任直後の一八九九年に行われた浄瑠璃《じょうるり》寺本堂（九体寺《くたいじ》本堂、京都府木津川《きづがわ》市、国宝）の修理から確認してみよう。

浄瑠璃寺本堂は、平安時代の浄土信仰を代表する建造物であるが、建設以来数度に及んだ修理によって大きく変形しているとみなされていた。そこで松室は、修理に際して入念な事前調査を行い、屋根の内部に破風《はふ》材の一部が転用されて残存していることを発見した。破風材は切《きり》妻《づま》屋根や入母屋《いりもや》屋根の端部に用いられる部材であるから、建設当初は現状の寄棟《よせむね》屋根ではなかったことが確認できたが、発見部材のみでは正確な入母屋屋根の形状を推定できなかったため、復元を行わず現状の寄棟屋根を維持することとした（図21）。

松室も復元を目指したことは間違いないが、復元に合理的な根拠を求め、さらにその根拠が不十分な場合には復元を断念するといった態度で修理に臨んでいたのである。こうした判断は、前項に記した辻善之助のテーゼ④に該当しており、その内容が修理担当者の間で共有されていたことを確認できる。

図21　浄瑠璃寺本堂.
写真：読売新聞社.

また、松室が在籍した京都府の修理では、以前から実測図面の作成を重視していて、修理方針の如何にかかわらず、修理以前の詳細な図面を作成して記録し、後世の検証に備えていた。さらに、修理方法の標準を定めた一九〇三年の「古社寺建造物修理工事施工方法」が、図面に加えて「修理着手当時の模様」と「其成工後の状態」を写真撮影することまで求めているのは、修理・復元への批判を受け止めた結果であろう。

構造技術の変更——東大寺大仏殿

辻テーゼの内容は、修理に対する批判を沈静化させる効果を生み、修理担当者の間でもおおむね妥当な内容として共有されるものとなった。ただし、堅牢性確保のために新技術を導入することを許容した⑥に関しては、次第に問題が表面化していった。

この⑥の趣旨に沿って、一八九八年の唐招提寺金堂の修理では、屋根構造が西洋式のトラスに置き換えられたことは前述した。さらに、一九一一年に行われた東大寺大仏殿（金堂）の修理では、より大胆な新技術の導入が行われている。

一七〇五年（宝永《ほうえい》二）に建設された東大寺大仏殿は、日本最大級の木造建造物として著名であったため、明治修理は日本中の注目を集めるものとなった。なお、この修理に際しては、「無用の長物」「国家の大患《たいかん》たるべきもの」という否定的な意見も新聞紙上に掲載されており、現代とはかなり異なる認識で捉えられていたことを強調しておきたい。

東大寺大仏殿の修理は、一九〇二年に古社寺保存会委員の妻木頼黄・木子清敬の指導の下で開始されたが、一九〇四年には、奈良県技師に着任した加護谷祐太郎《かごたにゆうたろう》（一八七六〜一九三六）の下で計画が再検討され、日露《にちろ》戦争による中断を挟んで、一九〇七年に本格工事に着工して一九一一年に竣工した。

この修理工事の最大の課題は、本来的な構造欠陥を抱えた建築をどのように修理するべきかというものであった。東大寺大仏殿は、一八世紀の建設時に長大材の不足に悩まされ、数本を束ねて柱として使用するなど苦肉の策が講じられて建設された。そのため構造的に問題があり、江戸時代を通じて部分的な修理を繰り返すことでかろうじて維持されていた。しかし、一九〇七年時点ではそうした弥《び》縫《ほう》策《さく》も限界に達し、従来形式をそのまま維持することは不可能な状態となっていた（図22）。

そこで、妻木や加護谷が採用した修理案は、外観や室内からは見えない屋根内部の構造体を、

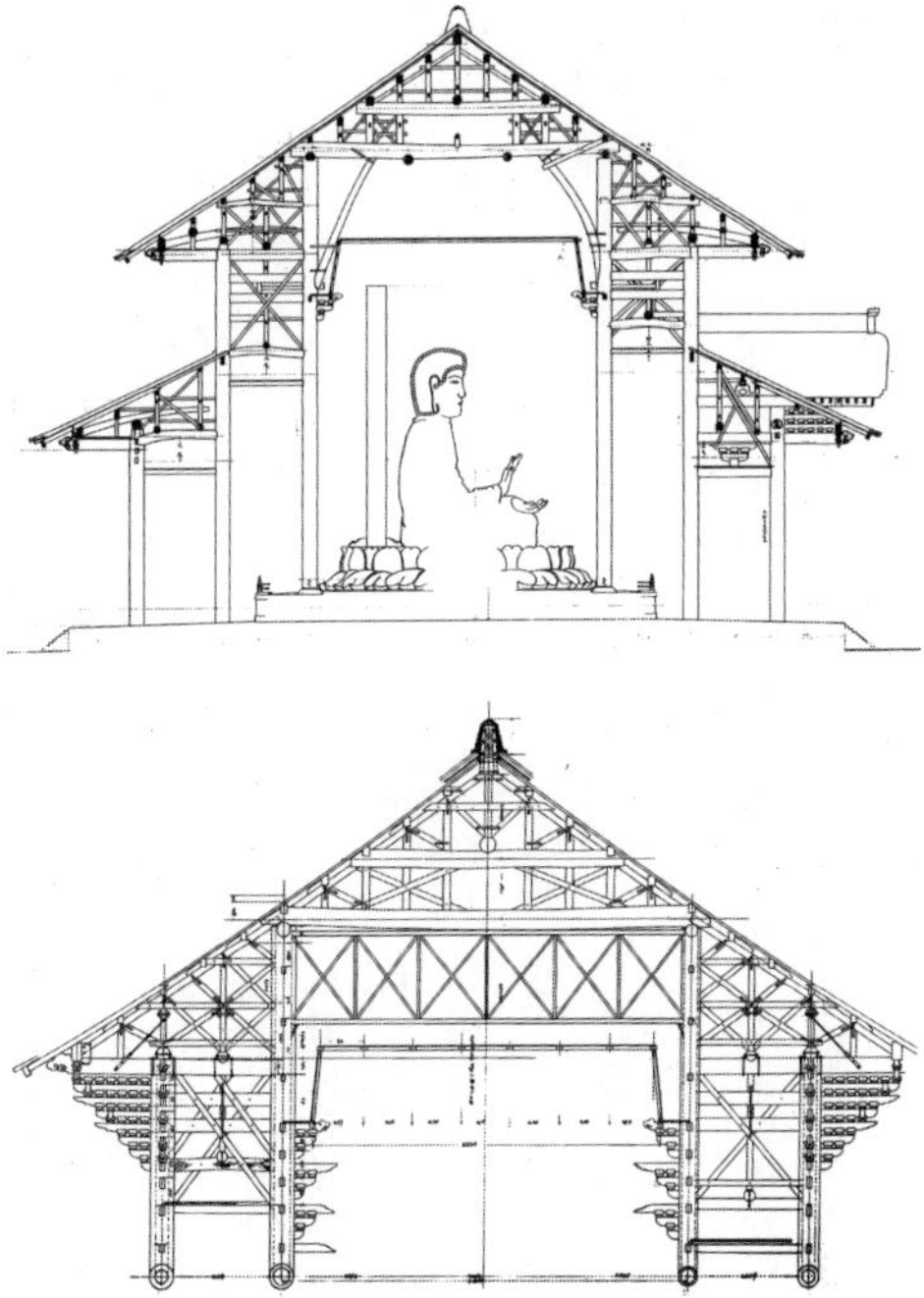

図22　東大寺大仏殿．修理前後の図面．上が修理前，下が修理後，屋根構造はトラス（洋小屋）に置換．
出典：奈良県教育委員会事務局奈良県文化財保存事務所編『国宝東大寺金堂（大仏殿）修理工事報告書』（東大寺大仏殿昭和大修理修理委員会，1980年）．

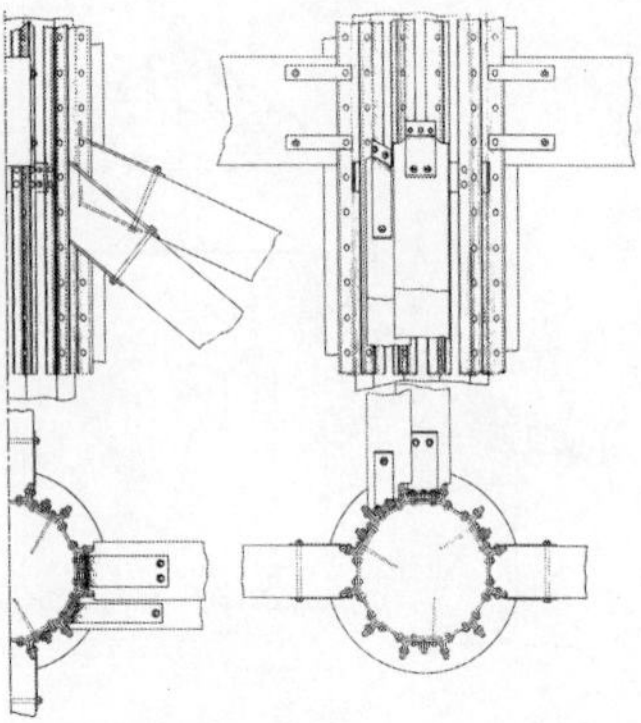

図23　東大寺大仏殿．鉄材を用いた接合部の補強．
出典：同前．

鉄鋼を用いた西洋式のトラスに置き換え、さらに軒を支える部分も鉄プレートで補強し、柱内部に鉄骨を挿入するといった極めて大胆な構造補強を施すものであった（図23）。こうした修理の結果、外見は維持されたが、構造システムは激変し、古材が大量に破棄されてしまった。

唐招提寺金堂や東大寺大仏殿の修理で、以上のような思い切った新技術が導入された背景には、同時期の西洋で行われていた歴史的建造物修理の手法が想定される。

中世ゴシック様式の大聖堂は石造であるが、上部に雨を受けるための木造の屋根が架かるケースが多く、その木造の屋根構造は外観からも室内からも全く見ることができない。一九世紀の修理では、この隠された屋根構造の価値は重視されず、本章の冒頭で紹介したヴィオレ・ル・デュクは、サン・ドニ大聖堂の修理（一八三七年）で、脆《もろ》い木造の架構を撤去して鉄骨構造に置き換えている。こうした大胆な変更は他の事例でも一般的で、場合によってはコンクリートを用いた構造に置き換えることも行われていた。こうした手本の存在を知っていたからこそ、関野や加護谷は思い切った判断を下せたのだろう。

以上のように、唐招提寺金堂や東大寺大仏殿の修理では、歴史的建造物の内外から見える意匠・デザインが重要視され、その意匠を支える隠された技術や構法については、変更されても構わないものとみなされていた。こうした認識は、一九世紀的な様式主義と新素材（鉄）を用いた構造合理性を合わせて学習した帝国大学卒業生の建築家にとって自然なものであった。だからこそ、前述の辻テーゼにもこの考え方が掲げられていたのである。

歴史的構造の保存——平等院鳳凰堂

しかし、全ての修理が唐招提寺金堂や東大寺大仏殿のような方針で実施されたわけではない。時期は前後するが、明治の平等院鳳凰堂の修理では、構造欠陥への対処に関して全く正反対のスタンスが採用されている。

平安時代を代表する建造物として江戸時代から著名だった平等院鳳凰堂も、明治後期には大がかりな修理が必要となっていた。不同沈下《ふどうちんか》による全体の歪《ゆが》みに加え、深い軒がもたらす本来的な構造上の弱点に起因する損傷が大きかったからである。

京都府技師の松室重光が策定した当初の修理計画では、屋根形式を復元した上で構造上の欠陥を補うために、鉄骨梁を挿入する案が検討されている。これは関野が実施した唐招提寺金堂の補強と同じ方法で、見えない構造については、西洋の新技術を積極的に導入して改善しようとしたものである。

しかし、一九〇四年に実施された実際の修理では、武田五一《たけだごいち》（一八七二〜一九三八）の指揮の下、異なる方針が採用された。

一八九七年に帝国大学を卒業した武田は、西洋留学の後、一九〇三年に京都高等工芸学校（現京都工芸繊維大学）の教授として赴任し、翌年から京都府技師を兼職し、以降、京都高等工芸学校や京都帝国大学での建築教育をリードしつつ、多くの建築設計に従事した。

武田五一の平等院鳳凰堂修理の方針は、松室の方針とは正反対で、「歴史的構造の保存」のために、部材を含めて現状を維持しつつ、新たに別の木材を追加挿入して補強を行うというものであった。武田の理念は、外からは隠されてしまって見えない構造技術を疎《おろそ》かにせず、修理による部材の損傷を最小限に止め、また新たに追加した材料は判別できるように明記するというもので、建設当初の屋根形状への復元もあえて実施していない。

こうした武田の判断は、辻テーゼの⑥ではなく、古材の保持を求めた⑦を重視するものである。基本的には武田も建設当初への復元を理想とする人物であったが、外観や内部から見える部分の様式的な完成度だけではなく、構造技術の歴史性も重視して、見えない部分の技術を保持し、同時に古材をできる限り再用して保持しようとしたのである。

古材を破棄して新材に置き換えてしまえば、かつての状態を推定する根拠は永遠に失われてしまう。現時点では有益な情報を引き出すことはできないが、後の修理では古材から別の情報を引き出せるかもしれない。水谷仙次も言及していた古材の持つ潜在的な価値への配慮が、次第に重みを増しはじめているのである。

古びの評価——日光東照宮

初期の修理では、歴史的建造物の「古び」も課題となっている。

歴史的建造物では、長い時間を経過するなかで、部材の表面的な劣化が進行する。こうした経年による劣化は、建造物の古さを直感的に印象づけるもので、これによって歴史的建造物と現代の新築建造物を一見しただけで区別することが可能となる。前述した復元批判の理由の一つにも、壁の塗り直しや部材の入れ替えによって、全体として古さを感じなくなったことがあげられており、こうした部材の劣化に伴う古びをどのように評価するかも、修理にあたっての課題となっている。

ここで滋賀県下での修理についてみてみよう。滋賀県には奈良県・京都府と並び歴史的建造物が多く所在し、特に鎌倉・室町時代の大型本堂が多く残存していたため、特別保護建造物の指定作業もいち早く進捗し、一九〇〇年からは東京美術学校（現東京藝術大学）を卒業した安《あん》藤時蔵《どうときぞう》（一八七一～一九一七）が技師として赴任したほか、京都府技師であった亀岡末吉《かめおかすえきち》（一八六五～一九二二、東京美術学校卒）や天沼俊一《あまぬましゅんいち》（一八七六～一九四七、東京帝国大学卒）も兼務して滋賀県の修理を主導した。

滋賀県においても、復元を指向しつつ、見えない構造については積極的に新技術を採用して改変するなど、おおむね辻テーゼに沿った修理が実施された。しかし、部材表面の状態に関しては少し異なる判断がなされている。

滋賀県の修理では、部材表面の彩色が劣化して剝落《はくらく》しそうな場合、膠《にかわ》などを用いて再接着する「剝落止め」を行うのみで、部材表面の色の復元を実施していない。さらに、取り替えや補強などで新たに加えられた部材の表面には、古く見せかけるための「古色塗り」が処置され、古い材料との同化が図られている。これらの措置は、部材表面については修理以前の古びた状態を維持しようとしたもので、復元とは異なるスタンスといえよう。

一方、一八九九年から始まった日光東照宮《にっこうとうしょうぐう》の修理では、滋賀県とは全く異なる内容の修理が実施されている。

徳川家が造営し多大な経費を投じて維持してきた日光東照宮については、明治以降にその保存を巡ってさまざまな議論がなされ、保存が決定した後には、東京帝国大学教授の塚本靖《つかもとやすし》（一八六九～一九三七）による調査が行われたが、本格的な修理工事は、神社建築の設計を本務とする内務省技師の大江新太郎《おおえしんたろう》（一八七九～一九三五、東京帝国大学卒）が、一九〇八年に日光に赴任してから開始された。

建築学会の機関誌『建築雑誌』に、一九一五年から翌年にかけて掲載された「日光廟《びょう》修理辯疏《べんそ》」は、日光東照宮の沿革と建造物としての価値、そして彩色を中心にした修理の考え方をまとめたものである。このなかで大江は、日光東照宮の価値は装飾の豊富さと多様性にあると

図24　日光東照宮陽明門の装飾.
写真：高椋俊樹／アフロ.

した上で、古色塗りを含めたさまざまな手法の優劣を検討しながら、日光では、現状の劣化した彩色を下地まで含めて掻《か》き落としてから、建設当初と同じ材料と同じ技法で作り直す方法を選択すると表明している。これは材料の質感も含めた完全な復元を意味するものである（図24）。

　このように、大江による日光東照宮の修理では、建設当初の形状・図案・色彩・画材の成分および修理技術者体制は尊重されているが、画材自体の保存は行われていない。このため修理後の外観からは「古び」は一掃され、新築と変わらない状態が出現してしまう。

　その結果、日光東照宮の修理に対しては、美術家や外国人など多方面から批判がなされた。なかでも、鉄筋コンクリート構造の先駆者である遠藤《えんどう》於菟《おと》（一八六六～一九四三）は、「ケバケバした色彩」「毒々しき野卑の感」と酷評している。

　ここであらためて日光と滋賀県の修理方針を比較してみよう。

　まず日光では、劣化する以前の風合いや色彩が完全に建設当初の状態に復元されている。またその状態を維持するために膨大な仕様書と技能者集団の保持も実現されている。これは幕府の庇護下にあった江戸時代の状態への復帰といってよいもので、技術や技能が確実に伝承される意味は大きい。しかし、この修理方針では古びは全く失われ、一見しただけでは歴史的建造物と新築の建造物の区別がつかない状態となってしまう。

一方、滋賀県の修理では、歴史的な存在であることを示す古びを重視している。ただし新たに追加された部材にまで古色を施すことは、現代の修理を歴史的な状態と同質化することを意味しており、これは捏造《ねつぞう》ではないかという批判をまねくことになってしまう。また新材には古色塗りを行わないという判断をすれば、パッチワークのような建造物が出現してしまいかねない。

このように、部材表面の劣化した状態がもたらす古びに関しても正解と呼べるものはなく、いくつかの価値観が並び立つことが明らかとなった。

国宝保存法

以上のように、明治末期から大正期にかけては、古社寺保存法の枠組みで歴史的建造物の保存が始まり、その修理にリンクして価値評価の視点も広がった。

そのなかであらためて、古社寺保存法が社寺所有のものしか対象としていないという問題点が顕在化した。古社寺保存法の制定にあたっての議論を見返してみても、危機に瀕する社寺の救済という施策が先行したため、あくまでも保存のための手段として古社寺という概念を括りだした経緯があった（第二章参照）。つまり、美術工芸品や建造物の保護を目的とした場合、古社寺という限定が無意味であることは当初から自明だったのである。

さらに大正期に入った一九一〇年代以降には、旧大名家などが所有する美術工芸品の海外流出も大きな問題となりはじめる。そこで、社寺という所有者限定を外して、国や地方団体、あるいは民間団体・個人の全てを包括する新たな施策が求められるようになり、一九二九年(昭和四)に「国宝保存法」が制定された。

国宝保存法は、「歴史の証徴又は美術の模範と為るべきもの」(第一条)を対象としていて、古社寺保存法と基本認識の点では大きな相違はみられない。相違点は、特別保護建造物を排して「国宝」に一本化した点と、所有者限定を撤廃した点があげられる。これによって、社寺所有以外のもの、特に国や地方団体が所有する城郭が新たな保護の対象となったことの意義は大きいので、次章で詳細に検討しよう。

さらにもう一点、国宝保存法の規定で重要なのは、「国宝の現状を変更せんとするときは主務大臣の許可を受くべし」(第四条)である。これは「現状変更の規制」と呼ばれるもので、修理による価値の変動を念頭に置いて、所有者や修理関係者の恣意的な判断を排して、修理方針の策定に関して慎重かつ多方面からの審査を行うことを求めたものである。

現状変更の規制は、西洋の歴史的建造物保存の動向を反映したものであると同時に、これまで述べてきたような修理に対する批判と課題を反映したものでもある。なお、この現状変更の適否を審査するのは、古社寺保存会を継承した「国宝保存会」で、古社寺保存会と同様、考古学を含む歴史学・美術史学・建築学の専門家によって組織された。

こうして歴史的建造物の保存は国宝保存法という新たな枠組みに移行したが、その下で開始された「法隆寺昭和大修理」は、修理理念と手法の構築にとって大きな意味をもつものとなった。法隆寺昭和大修理に関しては、事業の中心となった浅野《あさの》清《きよし》による報告の他に、近年、青柳憲昌によって詳細な事実が明らかにされたので、その成果に基づいて検証してみよう。

法隆寺昭和大修理の開始——法隆寺東大門

すでに古社寺保存法制定の時点で法隆寺は特別な存在とみなされており、世界最古の木造建築群である西院を中心に、二九棟が特別保護建造物に指定されていた。さらに西院の建設時期を七世紀前半以前とする非再建説と、七世紀後半以降とする再建説が対立したこともあって、常に世間の注目を集めていた。

法隆寺では、明治初期の荒廃期を脱した後、破損が進行した建造物に対して小規模な維持修理を繰り返してきたが、明治末期には限界を迎え、ほとんどが根本修理を必要とする状態となっていた。大正期に南大門《なんだいもん》などの散発的な修理が実施されたが、国宝保存法の制定を契機として、法隆寺の建造物群を一括して修理することになり、一九三四年（昭和九）に工事が開始された。この法隆寺昭和大修理は、戦争による停滞と中断期を挟んだために長引き、一九五六年まで継続して実施され、その間、最高峰の学術的知見が総動員された。

法隆寺昭和大修理では、工事が長期間にわたったために工事責任者が交代し、その都度修理方針も変更された。

まず最初に工事を統括したのは、平等院鳳凰堂の修理で言及した武田五一である。建築家として活動していた武田は、修理を繰り返して変貌した姿を、その場しのぎの改造が繰り返されたものとみなして、建設当初の姿への復元を目指した。しかし、前述の平等院鳳凰堂であえて建設当初の屋根形状への復元を行わなかったことからも理解できるように、創作的な復元には否定的で、復元には合理的な根拠が必要であるとも考えていた。

そのため、部材に残された痕跡《こんせき》を入念に調査して建設当初の形状と技術を解明し、化学分析調査を導入して建設当初の色を究明し、さらには建設当初の工具まで用いて復元を実施しようとした。その成果が反映されたのが一九三四年の法隆寺東大門《とうだいもん》修理で、後世の構造補強材の撤去は行われなかったが、屋根や軒の形状に加えて表面の彩色もおおむね八世紀の姿に復元された（図25）。

しかし、現状変更の審査を行う国宝保存会委員の間では、黒板勝美《くろいたかつみ》（一八七四〜一九四六）など歴史学や考古学の専門家を中心に復元への反撥は依然として根強く、一九三八年の法隆寺大講堂の修理では、当初復元は実現しなかった。

このように武田が主導した大修理の初期段階では、調査手法の開発による復元精度の向上はみられたが、修理方針は行き詰まりをみせた。この閉塞《へいそく》状況を打開する契機となったのが、一九三八年から四年がかりで実施された伝法《でんぽう》堂の修理である。

図25　修理前の法隆寺東大門.
出典：『奈良県文化財保存事務所蔵　文化財建造物保存修理事業撮影写真』前掲.

伝法堂の当初復元

伝法堂は、奈良時代前期に権勢を振るった橘《たちばな》夫人（県犬養《あがたいぬかいの》三千代《みちよ》）の住宅を法隆寺東院《とういん》に移築して仏堂としたものである。伝法堂は、昭和大修理までの間に五回以上の大修理を経ていたため、間取りなどは大きく変化していたが、柱や梁等の主要な部材の残存状況がよかったため、修理の際に精密な調査を実施すれば、それまで全く不明だった奈良時代の住宅の実像が明らかになるのではないかという期待もかけられた。

伝法堂の修理開始時に工事事務所長となった古宇田實《こうだみのる》（一八七九～一九六五）は、東京帝国大学卒業後に、西洋の建築様式や庭園を研究し、後には神戸高等工業学校（現神戸大学）の校長を務めた人物である。この古宇田の下で伝法堂の調査が実施され、部材に残された痕跡等から一定の精度での当初復元は可能とみなされた。しかし、当初復元を実施した場合には、多くの部材を交換せざるをえないと判断されたため、現状維持の方針が提示された。復元に否定的なイギリスなどの論調に詳しい古宇田の知見に加え、復元および解体修理に批判的だった技師の大瀧正雄《おおたきまさお》のスタンスもあって、こうした方針が策定されたのであろう。

しかし、一九四一年以降に修理体制は再度変更され、新たに大岡實《おおおかみのる》（一九〇〇～八七、東京帝国大学卒）と浅野清（一九〇五～九一、名古屋高等工業卒）が赴任すると、修理方針は一転する。

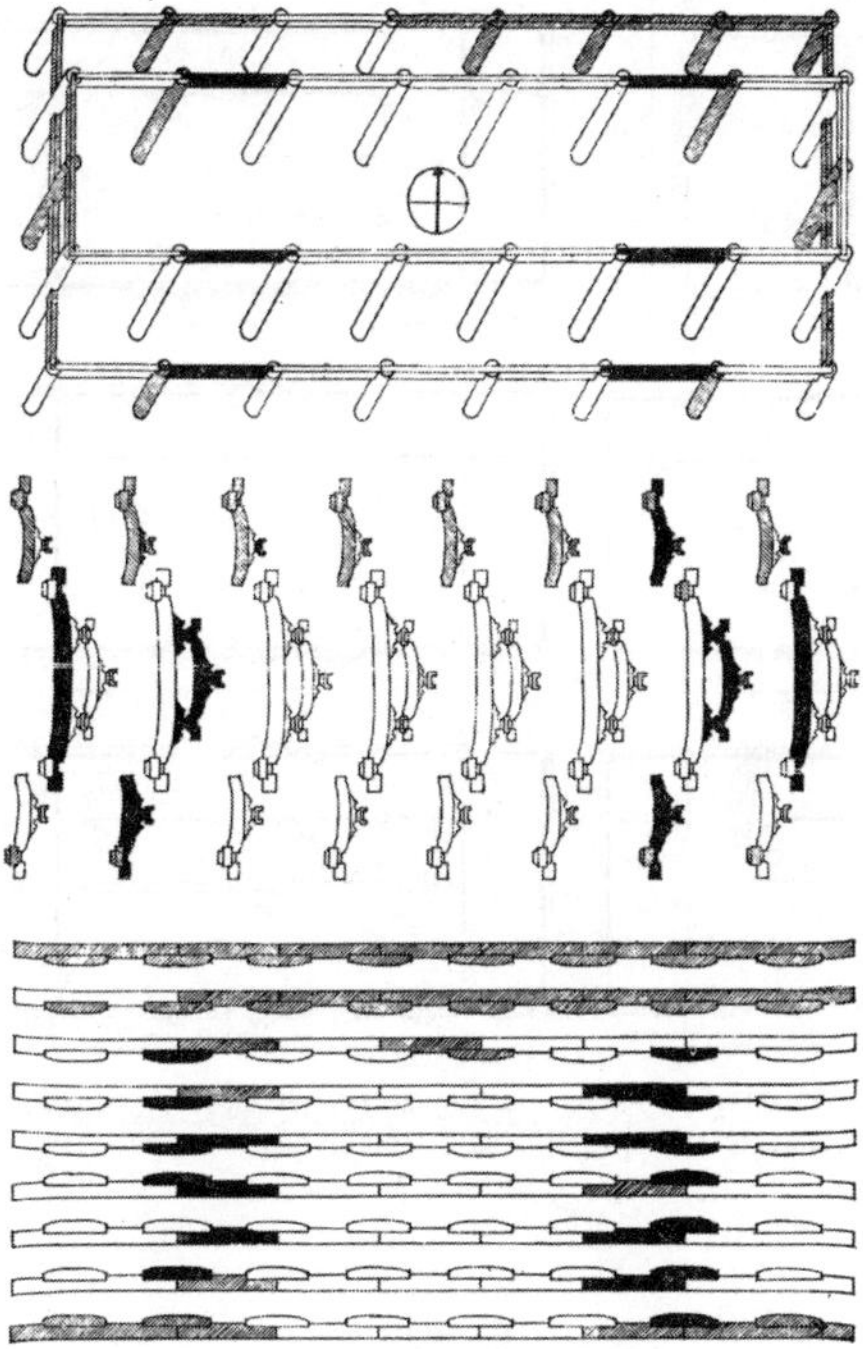

図26　法隆寺伝法堂．構成材料の分類．復元作業の基本となる部材の峻別，白抜き表記が橘夫人旧宅で用いられていた部材，黒色が法隆寺に移築した際の部材，網掛けが後世の取替材．
出典：浅野清『古寺解体』（学生社，1969年）．

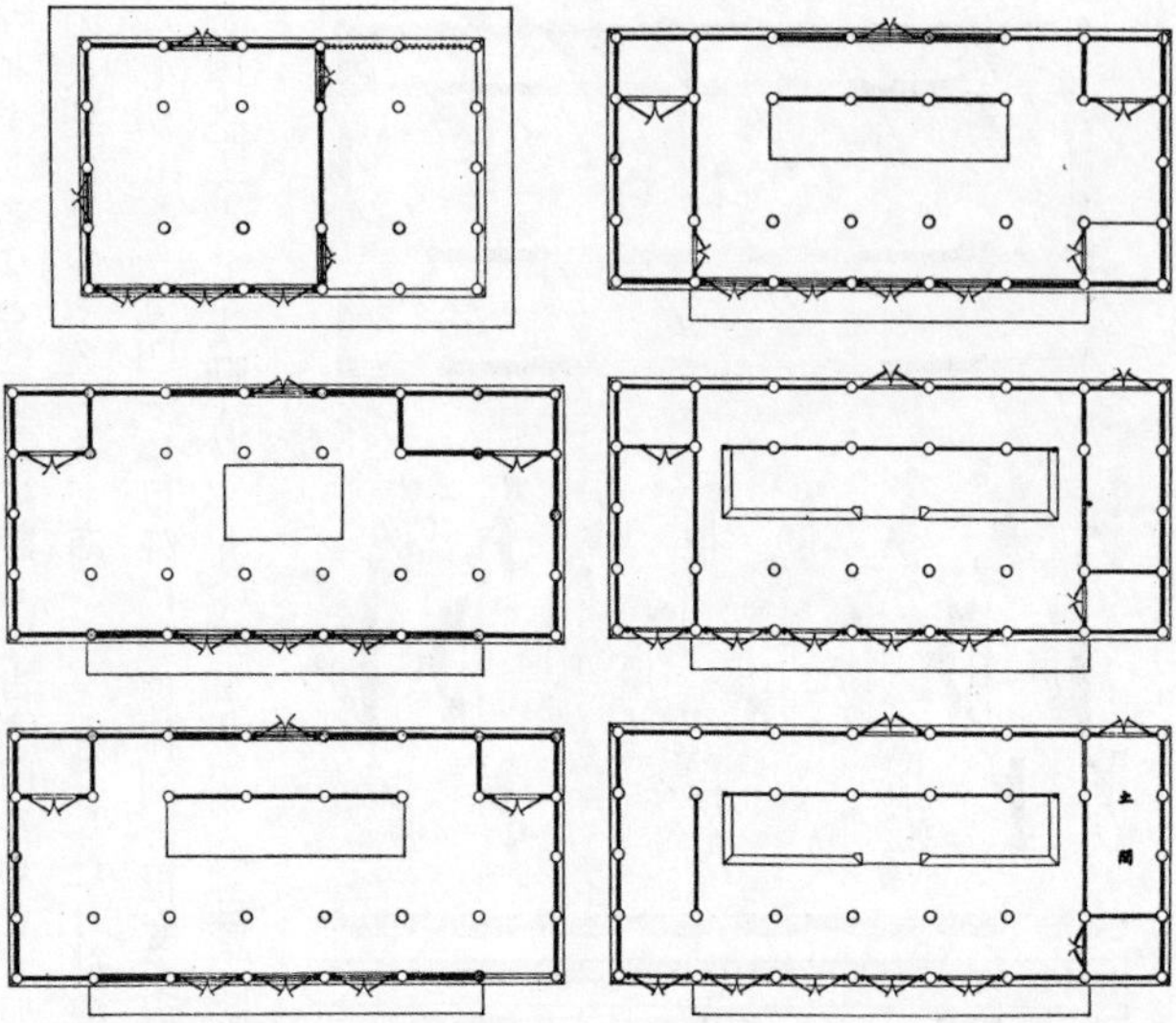

図27　法隆寺伝法堂．間取りの変遷．左上が橘夫人旧宅時，以下左から右へ５回の改造時の間取り．
出典：同前．

浅野による徹底的な部材調査によって、構成部材一本一本の時期が特定され（図26）、その解析に基づいて復元案が作成された。この復元案は、屋根曲線に若干の留保を残す以外は、床や扉などの細部の仕様も含めてほぼ完全な精度のものとなった。さらに、建設当初の形状のみならず、移築以前の橘夫人住宅の形態や、数度にわたる修理ごとの姿も明らかになり、建造物の履歴変遷が提示されたのである（図27）。

この調査成果を基にして、大岡・浅野は現状を変更して当初に復元する修理方針を作成した。この案を巡っては、前任者の古宇田との間で激しい応酬《おうしゅう》があったが、復元の精度と古材の再用率のいずれもが高かったため、国宝保存会の承認を経て当初復元が実現した（図28）。ただし、彩色の復元が行われなかったのは、日光東照宮修理への批判が反映したのかもしれない。

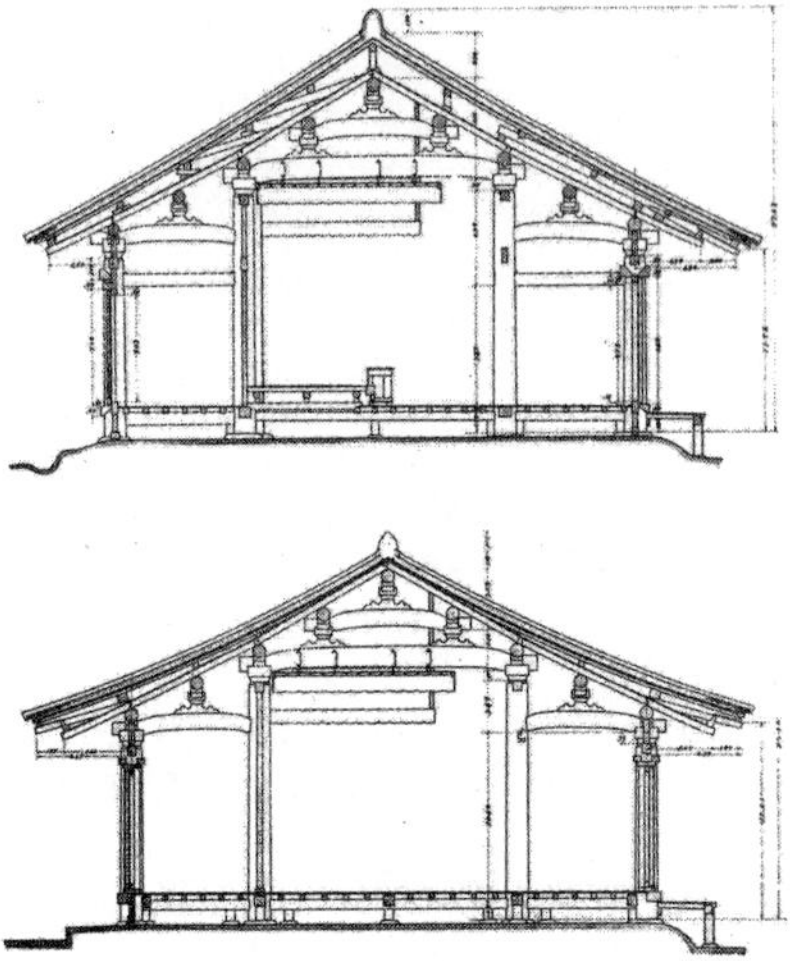

図28　法隆寺伝法堂．修理前後の図面．上が修理前，下が修理後．
出典：法隆寺国宝保存事業部編『国宝建造物法隆寺東院舎利殿及絵殿並伝法堂修理工事報告』（1943年）．

実現しなかった金堂と五重塔の当初復元

建設当初に復元された伝法堂に次いで、いよいよ日本最古の木造建造物である金堂と五重塔の修理が開始された。金堂と五重塔も数度にわたる修理を経ており、改造箇所は伝法堂よりも多岐に及んでいた。その主な改造点は、ともに最下層に「裳階《もこし》」と呼ばれる屋根が追加されている点、同じくともに最上層の屋根形状が大きく変更されている点、金堂の軒を支えるように龍の彫刻が施された支柱が追加されている点などである。

金堂と五重塔についても、大

岡・浅野は厳密な部材の痕跡調査を試み、伝法堂ほど完全ではないが、精度の高い復元が可能と結論づけ、当初復元を目指した修理方針を策定した（図29）。しかし復元を実施した場合には、多くの問題が発生することも予想された。

問題点の第一は、解体修理を行った場合の屋内壁画の損傷である。これに対しては壁面全体を柱などから取り外す「大ばらし」と呼ばれる工法が提案され、絵画を傷つけないで解体修理を行う方法が提示された。次いで第二の問題点は、当初の不完全な構造への対処法で、これに対しては、鉄骨材の挿入による補強が提案された。このように問題点に対する一応の対処案を作成した上で、当初復元案が国宝保存会に諮《はか》られた。

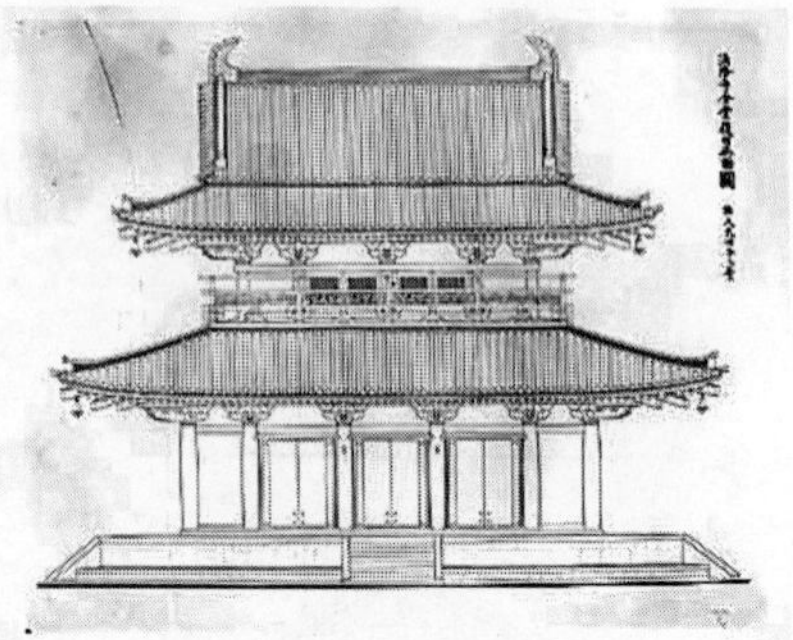

図29　法隆寺金堂．復元案．
出典：『奈良県文化財保存事務所蔵　文化財建造物保存修理事業撮影写真』前掲．

しかし、この当初復元案に対しては、国宝保存会の建築関係の委員の間でも意見が真っ二つに分かれてしまう。そのため当初復元案は差し戻され、その後の紆余曲折もあって最終的には、金堂・五重塔は、建設当初でも現状維持でもない一六世紀末期の慶長期を想定した状態に復元された（五重塔の竣工は一九五二年、金堂は一九五四年）。

おおむね慶長期に復元するこの案を採用した場合、近年の雑多な夾雑物《きょうざつぶつ》は撤去されるが、裳階・上層屋根形状・軒支柱・色彩は維持され、壁面の解体や鉄骨補強も回避できる。すなわち、実施案では部材の保護と修理直前のイメージの継承が優先されたのである。

このように慶長期を目指した金堂と五重塔の修理は現実的なものだったが、それゆえに、建築作品としての純粋さを評価する視点からは批判の対象となった。建築家の瀧澤《たきざわ》眞弓《まゆみ》が一九五二年に発表した「法隆寺復興・外論」は、複数の時代の様式が混在する状態を是認したことを問題視し、修理を現代の創作活動とみなした場合には、作品としての完結性を求めるべきではないかという指摘を行った。しかし、建築作品としての完成度を重視する観点からの批判は、これを最後にしてその後は失われてしまう。

法隆寺の昭和大修理を契機として、部材に残る各種痕跡の調査手法が進歩し、復元の精度は著しく向上した。もはや様式観に基づいた創作的な復元は過去のものとなったのである。そして、修理においては、潜在的な情報を秘めた古材を保護することが何よりも重視されるようになり、復元という行為自体に慎重な姿勢がみられるようになった。さらに復元を行う場合でも、建設当初ではなく、繰り返された後世の修理のどれか一つを想定する考えも生まれている。これは、修理を重ねて変容してきた建造物において、歴史上のどの状態を最も高く評価するのかという問いかけに答えたものでもある。

また、法隆寺昭和大修理が行われた昭和初期には、歴史学や建築学の資料としての建造物という観点が強まっている。同じ国宝であっても、絵画や彫刻・工芸品では、存在自体が価値を有する美術作品としての評価が継続したが、歴史的建造物では建築作品として評価する姿勢は極めて弱くなってしまった。そして、修理担当者はプロパーの修理技術者という専門的な職種となり、新築設計も行う建築家の手を離れてしまったのである。これにより、修理工事の学術的なレベルは向上したが、一般には理解しにくい専門家の視点が支配的になる危険性を内包することになった。

国宝から文化財へ

法隆寺昭和大修理にはもう一つ大きな意義が指摘できる。金堂の修理工事中に発生した火災を契機として国宝保存法が見直され、新たに「文化財保護法」が制定されたのである。

戦中戦後には、多くの国宝が空襲で焼失した他、放置されて破壊が進行した。そうしたなか、一九四九年一月に修理中の法隆寺金堂内部で火災が発生し、壁画などが大きく損傷した。さらに同年二月には放火により愛媛県の松山城の櫓《やぐら》が焼失、同年六月には北海道の松前《まつまえ》城天守等が類焼により焼失、さらに翌一九五〇年には放火により金閣《きんかく》が焼失するなど、国宝の被害が相次いだ。そのため、国宝の管理体制への批判が巻き起こり、同年に総合的な文化遺産保護を目的とした文化財保護法が議員立法で成立した。

この文化財保護法では、それまでの「国家の宝物」という意識は弱まり、「国民の文化的向上」と「世界文化の進歩」への貢献を標榜した「文化財」という概念が中核に据《す》えられている（第一条）。この枠組みのなかで、国宝保存法の対象であった美術工芸品や建造物は「有形文化財」と総称され、別の法律で保護されていた「史跡名勝天然記念物」に加え、演劇や音楽・技術などの「無形文化財」・風俗慣習などの「民俗文化財」を新たに対象としており（第二条）、文化的な価値を見出す対象は飛躍的に増加した。

なお、文化財は、一九三〇年頃から用いられるようになった比較的新しい概念で、当初は文化的な所産全般を指し、宗教・法律・経済などの諸制度も含む非常に広い意味で用いられていたが、文化財保護法の制定以降は、法律が規定する内容として定着したものである。

文化財保護法への移行に則って、国宝保存法の国宝（旧国宝）は全て「重要文化財」に移行している。重要文化財の指定要件は「我が国にとつて歴史上又は芸術上価値の高いもの」（第二条）のうち「重要なもの」であって、さらにそのなかから「世界文化の見地から価値の高いもので、たぐいない国民の宝たるもの」を国宝（新国宝）に指定するという二段階のシステムが採用された（第二七条）。そして、重要文化財については、管理方法が相応《ふさわ》しくない場合には適切な措置をとるよう勧告できる規定が設けられ（第三六条）、さらに国宝に限っては修理命令を行うことができる規定も設けられた（第三七条）。これは不適切な管理による焼失が相次いだことを教訓としたものである。

法律上の位置づけこそ変化したが、旧国宝の建造物は例外なく重要文化財に移行しているので、価値評価に関わる部分での大きな変更はなかったとみなしてよい。古社寺保存法や国宝保存法が掲げていた「歴史の証徴又は美術の模範と為るべきもの」の判断に関しては、過剰なナショナリズムは投影されず、建築学という学術領域が中心となって行ってきたから、戦後社会への移行のなかでも価値評価の方向性を大きく変更する必要はなかったのである。

一方、文化財保護法では、保護の対象を国宝と重要文化財の二本立てとしているが、この上下に分ける仕組みとなった理由は、戦後の厳しい財政下にあって、旧国宝全てに資金的な援助を行うことが困難と考えられ、重点的に支援を行う新国宝を抽出しようとしたものであったらしい。しかし、国宝と重要文化財の価値づけの相違を明確に議論した形跡は確認できず、事実、一九六〇年代以降、建造物の国宝指定には消極的になっていく。

戦後の歴史的建造物の保護は、この文化財保護法を枠組みとして実施され、第五章で詳述するように、民家や近代建築を加えて重要文化財の指定が進行していくが、社寺の修理に関しては明治末期からの議論の延長線上で実施されている。

復元時期の判断――當麻寺本堂・中山法華経寺本堂

戦後の修理では、法隆寺の昭和大修理を通じて得られた知見と手法が広く応用されている。なかでも一九五七年から六〇年にかけて、岡田英男《おかだひでお》が中心となって実施した當麻寺《たいまでら》本堂（曼荼羅《まんだら》堂、奈良県葛城《かつらぎ》市、国宝）の解体修理は、それまでの修理手法を集大成し、一つのスタンダ

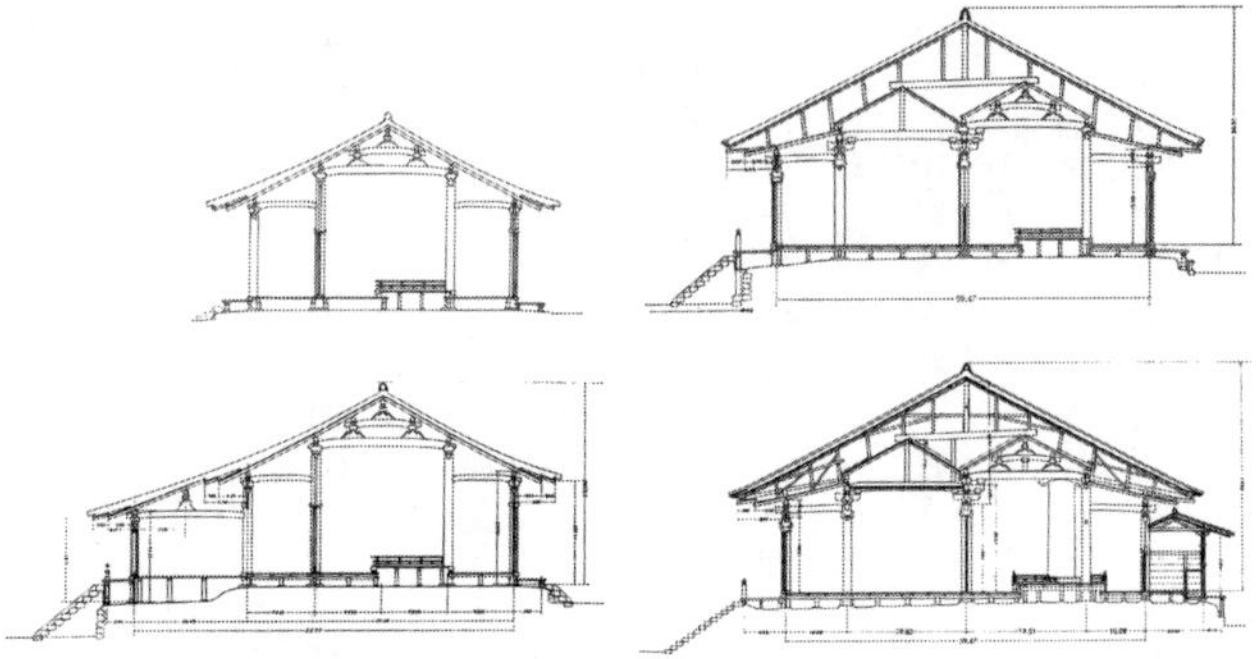

図30　當麻寺曼荼羅堂の変遷．左上が奈良時代の創建時，左下が平安初期の前方拡張時，右上が1161年の旧材を用いた創建時，右下が15世紀末期の改造時．
出典：岡田英男『日本建築の構造と技法』（思文閣出版，2005年）．

ードを示すものとなった。

修理開始時には、當麻寺本堂の建築経緯は不明確で、内部に残る部材の形状等から奈良時代まで遡る可能性が指摘されていた。そこで、修理にあたっては詳細な調査が先行して行われ、永暦《えいりゃく》二年（一一六一）の墨書が発見された他、一つ一つの部材に残る痕跡に詳細な検討が加えられて、建築の辿った履歴が実証的に明らかにされた。

その経緯を示すと以下のようになる。まず奈良時代に小型の堂が建設され、それが平安時代初期に前方に拡張された。ここまでは、現在の本堂の前身建造物とみなされる段階である。そして、一一六一年にこの前身建造物の部材の多くを転用・再利用して、ほぼ現在の規模と空間構成の本堂が建設された。したがって、この一一六一年が當麻寺本堂の完成時期と判断されるものとなる。その後は、一五世紀末期に一八本にも及ぶ柱の取り替えや補強材の挿入が行われ、さらに一七世紀末期には屋根の形状と内部の間取りが変更され、その後の小修理を経て昭和に至っている（図30）。

こうした経緯を辿った當麻寺本堂であるが、一一六一年という建設当初の形態がほぼ完全に判明したにもかかわらず、当初復元は実施されず、一五世紀末の室町時代の姿への復元が選択された。その主な理由は、残存部材の保護と構造の安定度を重視したからである。

このように當麻寺本堂の修理では、法隆寺昭和大修理を通じて開発された調査手法を用いて、主に部材に残された痕跡から正確な建築の履歴を明らかにして、各時代の姿を比較検討している。結果として採用された修理後の姿は、奈良時代や平安時代の部材も積層して混在する室町時代の姿を示すことになった。

建築の履歴を検証した上で、どの状態に価値を見出すかを判断するという當麻寺本堂の修理でみられた手続きは、修理専門の技術者集団である「文化財建造物保存技術協会」（一九七一）の設立もあいまって、その後の重要文化財建造物の修理において一般化していく。しかし、そうした手続きを踏みながらも、最終的な復元時期の判断を巡っては議論となる場合も多い。その一例として、一九九八年に竣工した中山法華経寺《ほけきょうじ》祖師堂（千葉県市川《いちかわ》市、重要文化財）の修理を紹介しよう（図31）。

この堂の修理では、考古学的な発掘調査を含む部材レベルの精密な検証が文化財建造物保存技術協会の日塔和彦《にっとうかずひこ》を中心として行われ、各時代の履歴は正確に明らかになった。その経緯の概略は、一六七八年（延宝《えんぽう》六）の建設当初には二つの切妻屋根が前後に並ぶ特異な形式であったものを、一七四一年（寛保《かんぽう》元）にその屋根を通常の入母屋造の大屋根に改め、一七八八年（天明八）にそれまで板葺だった大屋根を銅板葺に変更した、というものである。

あえて特異な形状を採用した一六七八年、その雨漏りの危険を除去して建築として完成させた一七四一年、大衆信仰により蓄積された富の象徴ともいうべき銅板葺の一七八八年。最終的には当初復元が選択されたが、中山法華経寺祖師堂の修理方針として、いずれの時期を選択し

図31　中山法華経寺祖師堂．修理の前後．上が修理前，下が修理後，屋根形が大きく変化している．
出典：文化財建造物保存技術協会編著『重要文化財法華経寺祖師堂保存修理工事報告書』（1998年）．

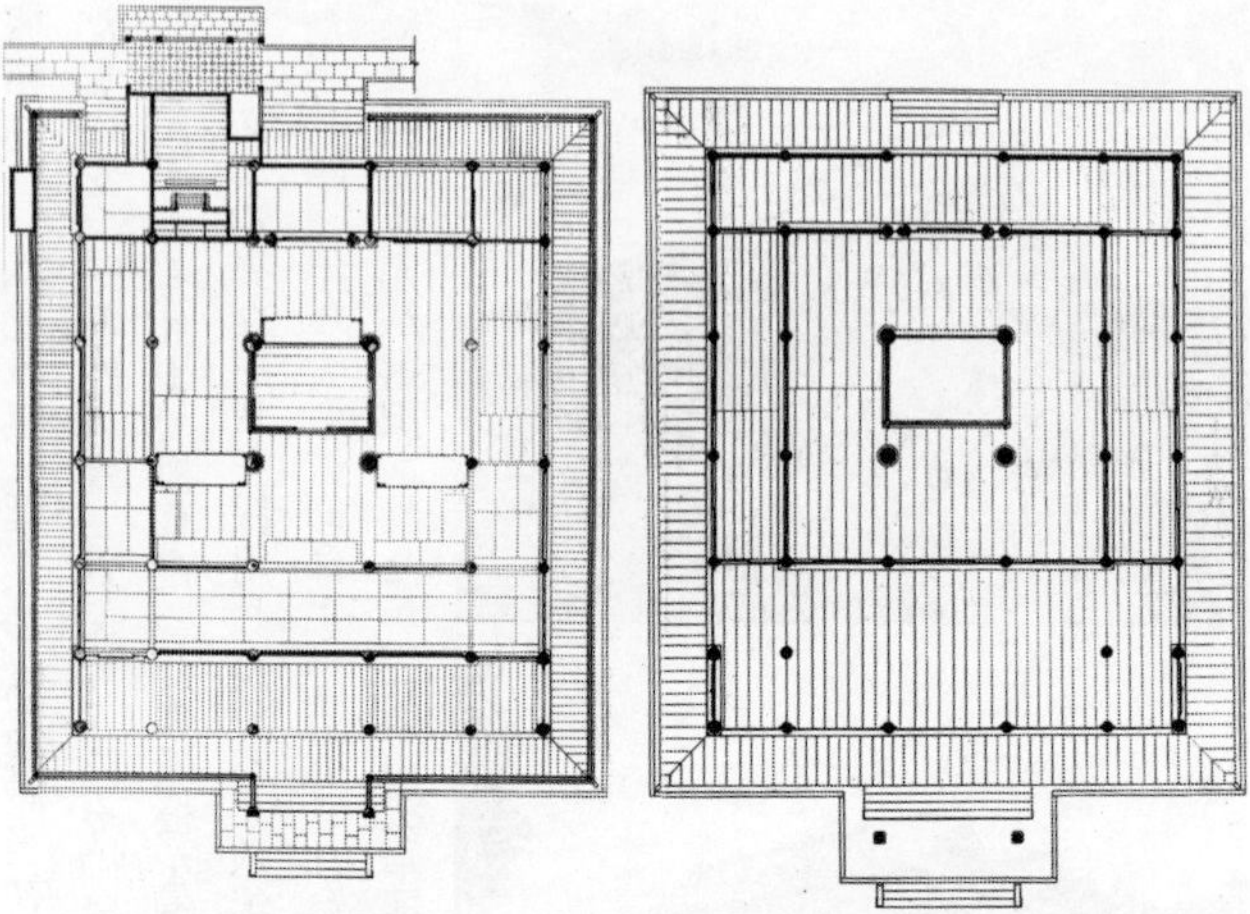

図32　大報恩寺本堂．修理前後の図面．左が修理前，右が修理後．
出典：国宝大報恩寺本堂修理事務所編輯『国宝建造物大報恩寺本堂修理工事報告書』（京都府教育庁文化財保護課，1954年）．

ても誤りとはいえない。

建造物の履歴を整理して各時代の姿を示すことは、あくまでも時代を相対化して検証するための手続きであって、各時代の姿のなかからどれを選択するか、どの時代の状態に価値を見出すかは、きわめて現代的な行為である。そして、どのような選択を行ったとしても、建造物が本来的に有している価値の一部分については諦めざるをえない状況に陥ってしまう。

一九五四年に竣工した京都の大報恩寺本堂（千本釈迦堂、国宝）の修理では、京都市街地に残る唯一の鎌倉時代の本堂であることを理由に、一二二一年（承久《じょうきゅう》三）の建築当初の姿に復元された。この復元によって、中世の大型本堂の空間を目にすることができるようになったが、多様な信仰対象に対応するように小部屋に分割されていた修理以前の姿は消え去った（図32）。

また、同じく一九五四年に竣工した明通寺《みょうつうじ》本堂（福井県小浜《おばま》市、国宝）の修理では、工事に伴って内部に貼られていた御札類を一度剝《は》がさざるをえなかったため、信仰空間の具体的な様相や御札の史料的な価値は損なわれてしまった。復元方針の如何にかかわらず、修理工事を実施すれば、その価値の一部を損なわれてしまうのである。

さらに、現代的な使用を継続していこうとすれば、社寺の建造物であっても、用途の変換や構造補強なども避けられない。こうした問題は、社寺以上に民家や近代建築の修理で大きな意味をもつので、これについては第五章で検討することとしよう。

正解のない修理

以上述べてきたように、歴史的建造物の修理の思想は、その価値評価の視点と深く関連しており、両者は連動して変化してきた。

まず、古社寺保存法制定直後の修理では、一九世紀的な様式主義の建築観に基づいて美術作品としての完成された姿を追求したために、建造物の内外観の形態や意匠が重視され、建設当初への復元が試みられた。そうした修理では、個々の建築部材や隠された構造技術は軽視され、理想的な様式に近づけるため根拠の乏しい創作的な復元も行われてしまった。

しかし、こうした修理の姿勢には数々の批判が浴びせられた。修理担当者の間でも、当初復元を行った結果、過去の構造技術とともに、無限の情報を潜在的に秘めているはずの古材が失われたことが反省されるようになり、様式主義に基づく創作的な復元は姿を消した。同時に、部材の痕跡を重視した科学的な調査が実施されるようになり、建造物それ自体よりも、そこから得られる情報にこそ価値がある、すなわち歴史的建造物を歴史学や建築学を語る上での資料とみなす立場が強まっていった。

こうした立場に立てば、復元根拠の如何にかかわらず、また復元時期が当初か否かにかかわらず、復元全般を否定することになる。しかし、復元の否定は現状維持を意味するが、現状維持にも課題は多い。完全な現状維持は現時点での歴史の強制的な停止であり、当初復元を絶対視することと本質的には何ら相違しない。逆に、自由な改造を全て許容することは、文化的な価値が失われていくさまをただ傍観していくことになろう。

また、現状維持を徹底すると、その場しのぎの改修も含めたさまざまな時期の形状がまとまりなく混在してしまい、建築作品としての一体感を欠くものとなる場合が多い。建築作品としての魅力を失い、ただ資料性のみが評価される建造物の保存は広く社会の共感は得られないだろう。歴史的建造物の資料性のみを重視して復元を不可とする主張もまた、復元至上主義と同様に一面的な見解なのである。

復元の問題以外でも、これまで普通に行われてきた解体修理に対する疑問も浮上している。修理技術者の間でも、一部部材の損傷が避けられない解体修理に否定的な見解が存在していたが、一九九二年の世界遺産条約批准《ひじゅん》に際して、日本の解体修理を新築とみなすヨーロッパ系の研究者の批判を受けたことが大きな波紋を呼んだのである。

この批判には、解体修理と定期的に新築を繰り返す式年遷宮《しきねんせんぐう》とを混同した側面もあったが、ヴィオレ・ル・デュクなどによる創作的な復元を経て、倒壊したギリシャ神殿の石材積み直しすら問題視するほど、歴史的建造物に手を加えることに慎重になったヨーロッパの動向を反映したものでもあった。本書では、修理手法を巡る国際的な議論へのこれ以上の言及は避けるが、植物性材料や土を使用するため定期的な大修理が避けられないアジア・アフリカの民族建築の価値評価とも連動しており、問題は極めて複雑である。

このように歴史的建造物の修理にはさまざまな課題が山積している。ただし、これまでの修理事業の蓄積から、部材に残された痕跡を中心にした調査によって、建設から現在に至るまでの建造物が辿った履歴を解明することは可能になっている。こうして明らかになった建造物の履歴を前提にして、その建造物の価値はどこにあるのか、それを保持していく上で必要な措置は何なのかを十分に考察した上で修理方針を決定することが求められている。

現状変更に慎重な態度を求めることが世界の潮流となっているのは、調査に基づく考察の必要性が認識されているからに他ならない。さらに、修理の内容を記した報告書を作成し、公開することも大きな意味を持っている。これは修理の際に判明したさまざまな情報を提供すると同時に、修理方針の妥当性を後に判断するために必要だからである。

しかし、たとえ可能な限り精密な調査を実施したとしても、「正しい」修理方針に辿り着けるわけではない。修理と復元を巡っては理念的な正解やマニュアルは存在せず、これからも個別事例を通じて、修理方針の可否を巡る議論が継続していくことは確実である。

第四章　保存と再現――城郭

城郭と再現

本書ではこれまで、社寺建造物を対象にして、価値の認識から修理にまつわる問題までをロングスパンで検証してきたが、第四章では、城郭建造物について扱ってみたい。

城郭は社寺と並んで古くから評価されてきた歴史的建造物であって、その特徴的な形態は多くの人々を惹《ひ》きつけてやまない。しかし、城郭も、明治初期に社寺と同様に存亡の危機に晒され、昭和初期に至るまでの長い期間、厳しい道程を歩まざるをえなかった。

第四章では、前半で明治維新以降に城郭とその建造物への評価がどのように変化し、保存に至ったのかを具体的に検証し、後半では戦後の城郭の復興過程を通じて姿を現した「再現」という行為について考察を加えてみたい。

再現は、一度完全に失われてしまった建造物を、歴史的な考証に基づいて、過去の状態に戻すことを目指して行われる新築行為である。

特定の過去への復帰という意味では、再現は第三章で言及した復元と類似しており、一般的には両者が区別されることは少ない。また、歴史的建造物の保存と復元で培《つちか》われた知見は、精密な再現に応用されており、両者は深い関係にある。ただし、あくまでも復元は保存の手法の一つであり、強い制約の下で実施されているのに対して、新築である再現は、保存とは異なる現代的な創作行為で、社会に対して明確なメッセージを発するものでもある。

再現という行為自体は、第一章で言及した京都御所のように、古くから行われている。しかし、戦後の城郭復興に端を発する近年の再現は、正確さにおいて格段の進化を見せつつ、対象を著しく拡張しながら全国各地で実施されている。再現は、戦後社会のなかでどのような意味を持って浸透していったのだろうか。この問いを念頭に置いて検証していこう。

廃城令と天守の破却——萩城・大洲城

明治維新以前から変革期を迎えていた社寺とは異なり、維新直後の城郭は、大名家と家臣団によってしばらくの間は維持されていた。一八六九年（明治二）の版籍奉還に際して、城郭は明治維新政府に移管されたが、旧藩の組織が城郭を維持していたのである。

しかし、一八七一年の廃藩置県で状況は一変する。藩という組織は廃されて府県となり、旧大名も華族となって東京へ移動した。そして、旧藩とは無関係の県令が政府から派遣されるようになり、江戸時代の支配層は府県上層部から消え去った。また、一八七六年の秩禄処分《ちつろく》で旧藩士は経済的な打撃を受けて衰亡し、それまで城郭を維持してきた旧藩の組織は解体された。

これは、明治以降も組織を維持した社寺とは大きく相違する点である。

こうした旧藩組織の消滅によって城郭を維持していく主体が失われ、さらに一八七三年に発令された「廃城令」によって、城郭の存続は危機に瀕することとなった。

この廃城令において、「存城」、すなわち存続とされた城郭は、各地域の大型城郭四三か所で、このほかに新規に造成するものを加えて、陸軍省所管の軍事施設とされた。一方、「廃城」、すなわち破棄が決定したのは、その他の城郭および陣屋で、全国で二〇〇以上が該当しており、こちらは大蔵省所管に移行した。

廃城となった城郭では、土地と建造物の払い下げが推進されたが、その背景には困窮する国庫財政への貢献に加えて、明治政府の城郭に対する認識を指摘できる。すなわち明治政府にとっての城郭は、自らが打倒した幕藩制の遺物にすぎず、また反政府勢力の拠点となる可能性もあったため、積極的に破棄の対象となったのである。なお、廃城となった城郭には、現在では天守が国宝に指定されている犬山《いぬやま》城や松本《まつもと》城も含まれており、一八七三年の時点では、これらの文化的な価値が認識されていなかったことは確実である。

こうして廃城とされた城郭はもとより、存城とされた城郭でも建造物が急速に破壊された。

小田原《おだわら》城では、廃城令以前の一八七二年までに城内のほとんどの建造物が除却され、明治維新の主役であった長州藩の萩《はぎ》城では、半島状に日本海に突き出た指月《しづき》山の麓《ふもと》に立地した五層の天守が一八七四年に破却された（図33）。他にも、岡山県の津山《つやま》城では五層の天守が一八七五年に破却され、愛媛県の大洲《おおず》城では四棟の大型櫓は破壊を免れたが、四層の天守は一八八八年に取り壊されている（図34）。

また長野県の小諸《こもろ》城大手門は破却こそ免れたが、払い下げられた後には料亭として使用され、さらに学校校舎となるなど激しく転変を繰り返した。このように一八九〇年頃までに破却・転

図33　破却前の萩城天守（1871年）.
出典：『日本城郭全集　第10集　古写真・資料編』（日本城郭協会，1960年）.

図34　破却前の大洲城天守（1868年頃）.
出典：同前.

用された城郭建造物は枚挙《まいきょ》に暇《いとま》がない。

このように城郭にとっての廃城令は、社寺にとっての神仏分離令に匹敵する激烈なもので、この時点でのマイナス評価を出発点として、近代の城郭は新たな道程を歩みはじめる。

国家と市民による保存――姫路城・彦根城・松江城・松本城

廃城令後の状況をみてきたが、一部を除けば必ずしも積極的に建造物を破却したわけではない。存城となった場合には、二条《にじょう》城・姫路城・松山城では多くの建造物群が維持されており、廃城となった場合でも壊されずに残った場合もある。維持管理主体が変化するなかで放置されたというのが一般的な傾向であるが、個々の城郭で実態は大きく相違している。

姫路城は廃城令で存城とされたが、これは施設としての存続であって、中心に聳える天守は競売にかけられ、二三円五〇銭で落札された。しかし破却は実施されず、管理者を失って放置されたまま破壊が進行する状態に陥った。

そうしたなか、陸軍省の工兵中佐であった中村重遠《なかむらしげとお》(一八四〇~八四)は、姫路城の構成が「精巧」であることを高く評価し、名古屋城とともに「全国屈指の城郭」と位置づけて、「築城の模範」として保存すべきであると陸軍上層部に進言した。その結果、一八七八年に姫路城の保存が決定し、翌年には大天守の補強工事も実施された。さらに市民が結成した「白鷺《しらさぎ》城保存期成同盟」による衆議院への働きかけもあって、一九一一年には国費による修理も行われた。

しかし、この二度の修理事業は、前章で検討した古社寺保存法に基づく修理とは全く別もので、様式に基づいた価値評価や精密な調査などは実施されていない。

続いて、井伊《いい》氏の居城であった滋賀県の彦根《ひこね》城では、明治初年に一度売却されて破却寸前に至った後、廃城令では存城とされたが、その後、再び放置されて荒廃した。しかし、第二章でも言及した一八七八年の北陸行幸の際に、明治天皇が彦根城の存続を命じたため、皇室附属地へと用途替えが行われた上で存続が決定した。その結果、天守以外にも多くの櫓や門、馬屋などが保存され、現在では城郭建築群の典型事例として高く評価されている。

姫路城や彦根城の事例は、陸軍内部における個人的な働きかけや皇室の関与による保存であるから、特殊事例といってよい。しかし、これとは別に、城下町あるいは旧藩領の民衆の尽力によって城郭の建造物が保存されたケースも散見される。

出雲松平《まつだいら》氏の居城であった松江城は、廃城令で存城とされたが、一八七五年に払い下げが行われ、ほとんどの建造物が撤去された。しかし天守については、近隣の豪農であった勝部本右衛門と旧藩士の高城権八らが資金調達して買い戻し、その後一八九〇年に旧藩主の松平家に譲渡された後、一九二七年に松江市に寄贈されて保存に至っている。

戸田《とだ》松平氏の居城であった松本城では、廃城令に先立つ一八七二年に天守が競売に付されたが、城下の市川量造（一八四四～一九〇八）が中心となって借り受け、一八七六年まで博覧会場として使用することで存続が図られた。その後に全体が傾斜するなど破損が進行したが、一

図35　松本城天守（1897年頃）.
出典：松本市教育委員会編『国宝松本城』（1966年）.

九〇一年には松本中学校長の小林有也《こばやしうなり》（一八五五〜一九一四）が中心となって、全国から寄付金を集めて修理費用を捻出した（図35）。このように、松本城は完全に市民の力で保存と修理を成し遂げたものである。

また、尾張徳川家の附家老職を務めた成瀬《なるせ》家の居城であった犬山城では、明治初年から門などの建造物が払い下げによって失われ、さらに廃城が決定した後にはその他の附属建築の破却が続き、天守と他数棟のみが残る状態となった。その天守も一八九一年の濃尾《のうび》地震で破損し、いよいよ失われるかといった状態になったところで、犬山市民からの保存嘆願がなされて、旧城主の成瀬家に譲渡され、成瀬家と犬山市民によって修理が行われて保存されることになった。なお、現在の犬山城天守は犬山城白帝《はくてい》文庫が所有しているが、二〇〇四年までは成瀬家という個人が所有する唯一の天守であった。

このように、城郭建造物は一方で破却されながら、他方で旧藩士や城下の一般市民によって保存されている。これは城郭建造物、特に天守が、大名家の権威を示すものであると同時に、城下町という都市のシンボルであったことに由来している。明治の城郭は、封建制の象徴として除却の対象になることもあれば、都市と地域の象徴として保存の対象ともなり得た、すなわち、対極的な二面性を保持していたのである。

公園としての城郭——高知城・会津若松城

明治の城郭では、もう一つ別の現象も発生している。公園への転用である。

公園に関しては、第二章で旧寺社境内を転用したものが多数あったことに言及したが、城下町系の都市では、廃城となった城郭を転用した事例が多い。

城郭の公園への最初の転用事例は、廃城令と同時の一八七三年に設置された高知城跡公園であるが、本格化するのは一八九〇年代以降で、一八九五年に弘前《ひろさき》城、一九〇〇年に津山城、一九〇一年に和歌山城、一九〇五年に徳島城、一九〇六年に盛岡城が相次いで公園へと転用され、その整備も行われるようになる。

古社寺保存法に基づく社寺建造物の評価と修理は、近代建築学が主導したが、公園の整備では農学や林学が主体となっている。なかでも東京の公園行政をリードした長岡安平《ながおかやすへい》（一八四二～一九二五）と、帝国大学農科大学（後の東京大学農学部）で教鞭《きょうべん》を執り、日本公園の父とも称された本多静六《ほんだせいろく》（一八六六～一九五二）の果たした役割は大きい。

ここで、長岡安平の高知城跡の整備案（一九〇九年）や本多静六の会津若松《あいづわかまつ》城跡の整備案（一九一七年）を見ると、石垣や水濠《すいごう》など境界を作る構造物の改造は最小限にとどめ、複雑な城郭の構成を意識的に維持していることを確認できる（図36）。改造点は平面部分の開削や植樹が中心で（図37）、市民に常時開かれることを前提として、近代的な各種イベント空間となるべき広場を創出している。

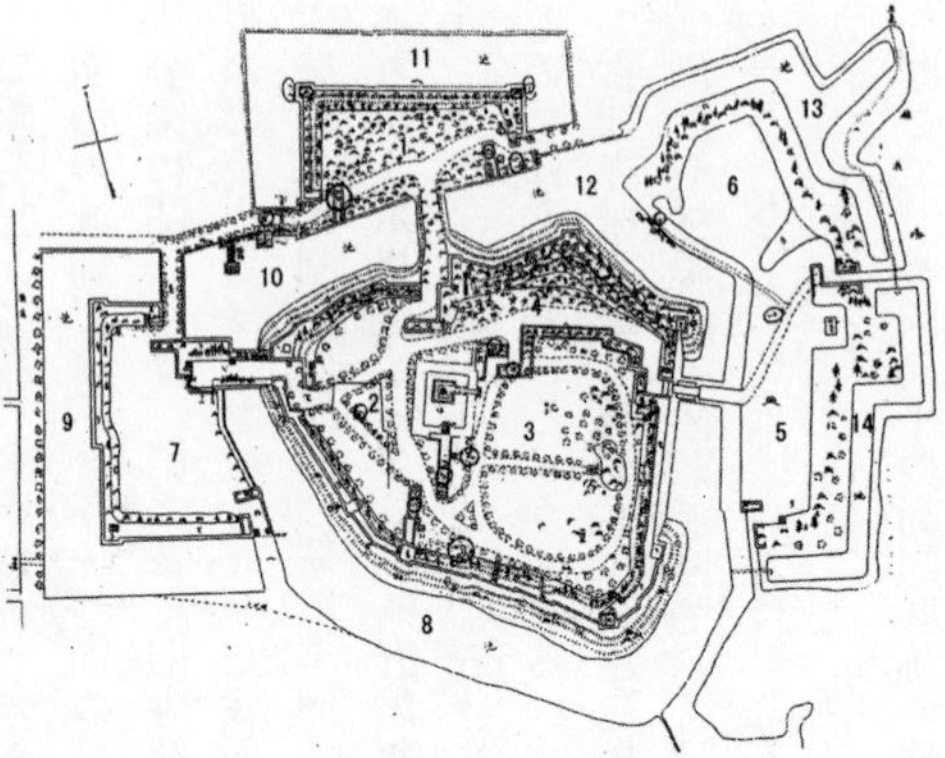

図36　会津若松城跡整備案（1917年）．本多静六案，城郭の基本骨格を維持したまま植樹や遊歩道整備などが行われている．
出典：除旺佑「近世城郭を中心とした歴史的記念物の保存手法と整備活用に関する研究」（東京藝術大学学位論文，2010年）より転載．

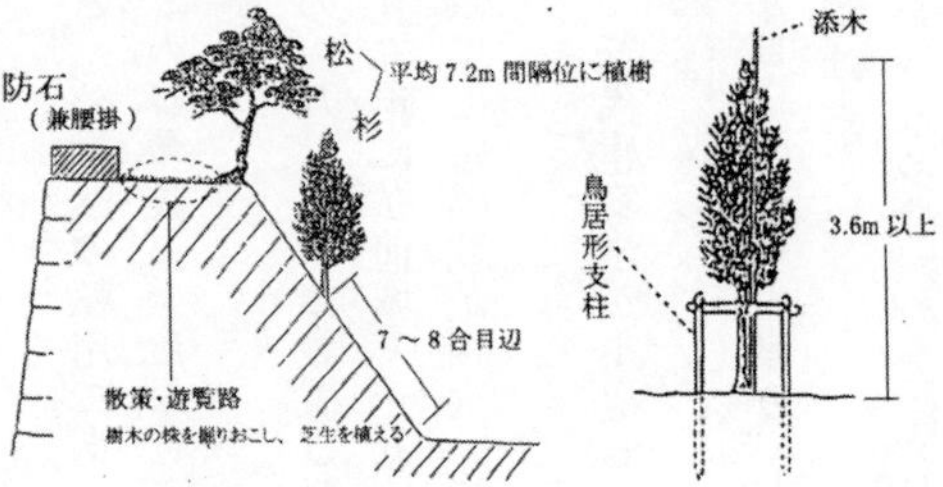

図37　会津若松城植樹計画案（1917年）．
出典：同前．

このように、公園化にあたっては、城郭としての基本骨格は維持されているから、全体として城郭の保存が図られたといってよい。しかし、建造物については、既存のものを最小限保全する姿勢に終始していて、同時期に保存事業が本格化した古社寺保存法に基づく特別保護建造物のように高く評価されることはなく、修理方針が議論されることもなかった。

史跡としての城郭

一八九〇年頃までに、主に市民の側から天守などを保存する動きは顕在化したが、一八九七年に制定された古社寺保存法が社寺のみを対象としたため、城郭の建造物は国家による保存の対象とはならなかった。

一方、歴史上の意味を持つ土地、史跡としての公的な評価は早い段階から始まっている。一八七二年の大蔵省通知および一八七五年の太政官布達は、新たに設置された府県の職分の一つとして「名所旧蹟を査定する事」を定めている。この規定に従って始まった地誌編纂《へんさん》作業では「古跡」および「名勝」が調査対象となり、古跡の一つとして国府跡・古戦場・古関跡・古宅跡・廃寺跡と並んで「城跡」があげられているのである。

ここで調査対象となった古跡・名勝は、第一章でみた「名所図会」が言及するものと重複しており、基本的には江戸時代の価値観を継承したものとみなせるだろう。明治政府は実体としての城郭は捨て去る方向で対応したが、名所概念を継承した古跡の一つとして「城跡」を評価の俎上《そじょう》に乗せたのである。この古跡・名勝の評価と保存を巡る議論は、主に日本史学が担い、帝国大学教授の黒板勝美が中心的な役割を果たした。

一方、植物学者の三好学《みよしまなぶ》（一八六二〜一九三九）は自然物の保存を主張して、「天然紀念物」という新たな概念を創り出した。そして、これは古跡・名勝と融合して「史跡名勝天然紀念物」となり、三好らの働きかけによって、一九一一年には貴族院議員の徳川頼倫《よりみち》らが帝国議会へ保存の建議を行うに至った。

ここで誕生した史跡名勝天然紀念物は、歴史上の出来事や施設、あるいは人物と関連する場所を指す「史跡」、文学的な評価が反映する風景や優れた庭園などの「名勝」、動植物あるいは鉱物・地形地質などの自然物を対象とする「天然紀念物」の三つに区分されるものである。このように、さまざまなルーツをもつものが流入してでき上がった寄り合い所帯ではあったが、ナショナリズムを背景にして整理された点と、一定範囲の土地を特定して保存を図ろうとする点に共通点がみられる。

価値評価の主体をみてみると、全般に歴史学が関わるほか、名勝には農学・林学、天然紀念物には動植物学や地質学といった近代の学術領域が深く関与している。「史跡名勝天然紀念物保存協会」はこうした各種学術領域を束ねる存在で、一九一四年に創刊された機関誌『史跡名勝天然紀念物』を通じて、学術的な知見を広く公表した。

そして、建議から八年後の一九一九年には「史跡名勝天然紀念物保存法」が制定され、国家による価値評価の認定と保存がスタートした。史跡の指定は、ナショナリズムに立脚した歴史上の評価に基づいて行われたが、そのなかに当初から城郭が含まれていたのである。

一九一九年の時点では、近代の民族国家としての統合はすでに完了しており、同時に廃藩を断行した明治維新世代はすでに退場していたから、江戸時代の遺風とも言える城郭の価値を国家が認知することへの抵抗感は弱まっていた。逆に、各地の城郭を評価することで、地方そして都市の歴史を顕彰することの意味は大きかった。廃城令から半世紀を経過して、ようやく城郭の名誉回復が果たされたのである。

ただし、史跡名勝天然紀念物保存法は制定されたが、歴史学による価値判断の軽重に加え、城郭を使用していた陸軍や地方団体の事情、あるいは公園化もあって、城郭の史跡指定のスピードは緩やかだった。戦前の段階で天守が残存していた一九の城郭を確認すると、史跡に指定されていたのは、姫路城（一九二八年指定）・松本城（同一九三〇年）・和歌山城（同一九三一年）・名古屋城（同一九三二年）・松江城（同一九三四年）・松前城（同一九三五年）・宇和島《うわじま》城（同一九三七年）の計七か所にとどまっていたのである。

さらに史跡に指定された場合にも、その保存や修理の理念は、第三章に記した古社寺保存法下で行われたものとは大きく異なっていた。

奥州平泉《ひらいずみ》を詠んだ芭蕉《ばしょう》の句「夏草や兵《つわもの》どもが夢の跡」は、初期の史跡保存の理念を示す際によく引用される。すなわち、初期の史跡保存においては、現状になるべく意図的な手を加えず、歴史的な事実を知った上で現状を見て感慨にひたることが重視されていたのである。そのため史跡となった城郭においても、建造物に対する積極的な評価や調査に基づいた修理は実施されず、依然として放置に近い状態に置かれていたのである。

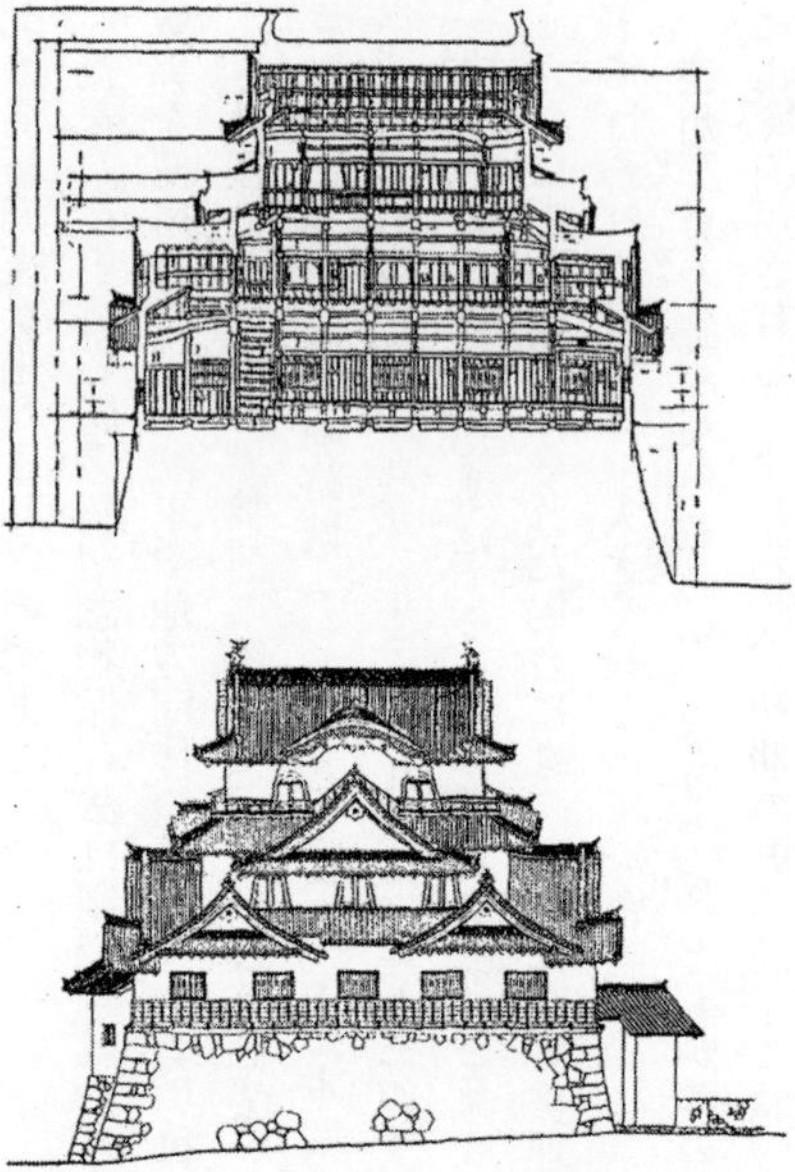

図38　彦根城天守図面（土屋純一・城戸久作成）.
出典：土屋純一・城戸久「近江彦根城天守建築考」（『建築学会大会論文集』，1938年）.

城郭建造物の国宝指定

大正期にも、多くの城郭で建造物の破損は進行したが、ようやく建築学あるいは建築史学の観点に基づいた研究が現れはじめる。

名古屋高等工業学校（現名古屋工業大学）の土屋《つちや》純一《じゅんいち》（一八七五〜一九四六）が、一九二〇年に建築学会機関誌の『建築雑誌』に発表した「織田氏時代の建築」はその嚆矢というべきもので、安土桃山時代を日本建築史上の画期とみなした上で、その時代を代表する建造物の類型として城郭建造物を位置づけて考察を試みている。

ちょうどこの時期、一九二〇年代には日本建築史の通史が相次いで企画されている。そのいずれにおいても、城郭建造物を桃山時代・江戸時代を代表するものとして扱っており、一九二五年の佐藤佐『日本建築史』では、主要な遺構を選択して列記するなど、価値評価に基づいた峻別作業も確認できるようになっている。

さらに、城戸《きど》久《ひさし》（一九〇八〜七九）は、城郭建造物の個別調査を実施し、一九三七年以降に犬山城・大垣《おおがき》城・彦根城・丸岡《まるおか》城・松本城・名古屋城などの論文を相次いで発表し、各建造物の建設年代や主要な改造箇所などを明らかにしている（図38）。こうした作業を通じて、天守や櫓・門など城郭建造物の時代判定や細部形式の相互比較が可能となり、典型性と稀少性に基づいた価値評価が可能となった。

以上のような建築学の動向は、一九二九年制定の国宝保存法が所有者制限を撤廃したことと連動し、新たに城郭建造物を国宝指定の対象とする根拠となった。明治期に市民レベルで始まった城郭建造物の評価と保存は、建築学による保証を経て国家に認知されたのである。

国宝への指定は、一九三〇年の名古屋城や一九三一年の姫路城を皮切りに、一九三三年に熊本城宇土《うと》櫓、三四年に丸岡城天守・高知城天守・宇和島城天守と続き、戦前の段階で現存していた天守一九棟は全て国宝に指定された。

こうして城郭建造物の国宝としての保存が開始されるが、その評価の方法を社寺の国宝建造物と比較すると、いくつかの相違点を指摘できる。

その一つは建築群としての評価である。例えば一九三一年に国宝指定された姫路城では、天守以外に城郭を構成する門・櫓・塀など七四棟もの建造物が一度に国宝に指定されている。このうち塀などは、同様の古さや構造のものは他所にも多数存在しており、建造物単体としてみた場合の評価は決して高くはないが、城郭全体を一個のまとまりとしてみた場合には欠かすことのできない存在である。すなわち姫路城では、建造物群として全体の評価を行った上で、七四棟を一括して国宝に指定したのである。こうした集合体としての評価の観点は、城郭から始まり、戦後には社寺や民家などにも適用されていくものとなる。

二番目は、先行した公園としての使用や史跡として保存との調整が図られたことである。城址《じょうし》公園として市民に開放されていた場合には、たとえ国宝であっても、公園を構成する一建造物にすぎず、社寺における保存とは異なる扱いがなされていた。例えば、一九三七年に姫路城で松竹映画『大阪夏の陣』の撮影が行われた際には、石垣や塀の一部が爆薬で吹き飛ばされているが、これは古社寺保存法下の特別保護建造物ではあり得ないものだろう。

このようにして、城郭建造物の国宝指定が行われ、その特性に応じた文化的な価値評価が行われるようになったが、戦前に国宝としての修理が行われた城郭建造物は、首里城正殿（一九三二年）・首里城守礼門《しゅれい》（一九三六年）・弘前城辰巳《たつみ》櫓他二棟（一九三七〜三八年）・丸岡城天守

（一九四〇～四一年）のみで、古社寺保存法での修理の経験が城郭に十分に応用されるには至らなかった。

国宝としての城郭建造物の本格的な修理事業は、一九三五年に始まる姫路城昭和大修理である。前年の豪雨で大きな被害を受けた姫路城に対して、第三章で触れた法隆寺昭和大修理と並行するように、国による直営の修理工事が企画されたのである。

戦争を挟んで一九六四年まで実施されたこの修理事業で、天守の解体や基礎の抜本的な補強が行われ、城郭建造物に関する技術的、あるいは意匠的な知見が集約された。この知見は、戦後の城郭建造物の修理だけでなく、失われた城郭の再建にも活用されることになる。

天守の新設——洲本城天守閣・大阪城天守閣

明治初期に一度捨て去られようとした城郭であるが、大正期の史跡指定と昭和初期の国宝指定を経て復権し、城下町を象徴する存在として確固たる地位を再獲得した。特に天守が残されていた場合には、国宝という国家公認のブランド性を身にまとい、都市イメージ向上に大きく貢献することになったのである。しかし、天守が存在する都市のイメージ向上は、逆に言えば、天守を持たない都市のイメージ低下を意味している。天守の有無という格差が都市の間で顕在化してしまったのである。

こうして顕在化した都市による格差を埋め合わせる最も効果的な方法は、天守の新規建設で、その最初の事例となったのが淡路島の洲本《すもと》城天守閣である。

洲本城天守閣は、一九二八年(昭和三)に昭和天皇の即位を記念して鉄筋コンクリート構造で建設された。三層の白亜の外観は、小型の天守を彷彿《ほうふつ》させるものであるが、城郭建造物の歴史的な細部を組み合わせて新規に設計された展望台であって、洲本城の過去の状況には由来していない。その意味で完全な創作である。

過去の城郭の様式を寄せ集めた洲本城天守閣の設計手法は、一九世紀的な様式主義の設計手法そのもので、格別目新しくはない。しかし、日本における様式主義の作品のほとんどは、遠い異国の西洋の歴史的様式を用いたものであるため、そこから過去の姿や歴史性をイメージすることはない。ところが、日本の城郭建築の様式のみを用いた洲本城天守閣は、全くの新築であっても、外観を一見しただけでは本物の城郭と判別しにくく、歴史性を想起する存在となってしまったのである。

図39　大阪城天守閣.

さらに一九三一年の大阪城天守閣は、より強いインパクトを放つものとなった(図39)。

一九二〇年代後半から三〇年代の大阪は、関東大震災後の東京を人口規模で上回り、繁栄の頂点にあった。市長の關一《せきはじめ》(在任期間一九二三~三五)は、「大大阪《だい》」を標榜してさまざまな事業を実施したが、そのなかには旧大坂城跡の公園整備も含まれており、その目玉となった天守の建設にあたって市民に募金を募ったところ、半年で七万件を超えて目標金額に達し、建設が開始された。

大坂城といえば豊臣氏のイメージが強いが、豊臣氏が建設した初代大坂城天守は一六一五年（慶長二〇）に大坂の陣で焼失している。その後に、場所を移動して徳川氏が建設した二代目天守も一六六五年（寛文五）に焼失し、その後天守は再建されることはなかった。

こうした履歴を辿った大坂城天守であるが、二百年ぶりの再建事業は、京都府技師・京都帝国大学教授の天沼俊一の指導の下、大阪市土木局が設計を担当した。二代目天守の位置を敷地として選び、そこに「大坂夏の陣図屛風《びょうぶ》」が描く初代大坂城天守の上層部と二代目天守の下層部を組み合わせた外観デザインが採用されたが、構造は鉄筋コンクリートで、内部は展望機能を持った博物館となった。すなわち、過去を連想させる位置と外観に対して、内部は近代市民社会に対応するものとなったのである。

再建された大阪城天守閣は、不完全かつ不整合ではあるが、建設位置と外観においては歴史性に一定の配慮を行い、近世城郭が本来的に有していた都市のシンボル、ランドマークとしての性格を創出しようとしている。こうした性格は、松江城・松本城・犬山城の天守において市民が守り抜こうとしたものと共通しているが、大阪城天守閣ではそれを創作によって新たに生み出したのである。

このように歴史性を指向した大阪城天守閣の外観は、歴史的建造物が有する文化的な価値が広く認知されて初めて意味を持つものであるから、実は極めて近代的な存在といえる。また、過去の建築様式を収集分析した上で再利用する設計手法も、西洋から導入した近代建築学がもたらしたものであり、ここにも近代的な性格を指摘できる。さらに、大阪城天守閣の内部は直接的に市民への開放を目指しており、特に周囲を見下ろす展望施設としての機能は、江戸時代の一般庶民は決して享受することのできなかった新しい楽しみを提供するものである。つまり、大阪城天守閣の外観と内部は一見矛盾した存在のように思えるが、実はその全ての面で近代社会の特性に合致するものなのである。

歴史性に基づいた外観、城下町を望む展望台と博物館という内部、こうした大阪城天守閣の姿は、大阪市民に受け入れられて新たな都市の象徴となり、さらには戦後の復興天守の規範となったという意味できわめて重要である。

なお、昭和に再建されたこの天守は大阪城天守閣と表記されており、歴史的な存在である大坂城天守とは異なる近代の産物という意識が読み取れる。一九九七年に登録有形文化財となった際にも、あくまでも昭和の産物である近代建築として評価されたことを付記しておこう。

戦災による国宝の焼失

明治以来の危機的状況にあった城郭建造物は、一九三〇年代に国宝指定が開始されたことで、ようやく将来的に保存される条件が整った。ところが、それから一〇年も経ない時期に、城郭は最大の危機を迎えることになる。アメリカ軍による空襲である。

すでに開戦以前から空襲の可能性は危惧されており、一九四一年八月から一一月にかけて、東京帝室博物館が所蔵する美術工芸品は奈良帝室博物館へ移送され、その他にいくつかの社寺も所有する美術工芸品の疎開を実施した。また国宝の建造物に関しても、焼失の懸念から実測図面が緊急に作成されている。戦災で失われた国宝建造物では、このときに作成された実測図面が唯一の記録となった場合も多く、戦後に活用されることになる。

実際の空襲は、開戦の翌年、一九四二年四月のドーリットル空襲に始まり、四四年夏以降には、焼夷弾《しょういだん》の無差別投下が行われ、多くの人命とともに建造物も失われた。地上戦となった沖縄を除く空襲による被害は、死者行方不明者約六十万人、損失家屋二百三十万棟以上に及び、特に、東京・大阪・名古屋などの大都市や軍需産業と関連した都市の被害は大きく、原爆が投下された広島・長崎は壊滅に近い状態となった。空襲による被害以外でも、焼失範囲を減じるために行われた建物疎開によって、約六十万棟が除却された。

こうして空襲と建物疎開により、多くの都市で中心市街地の木造建造物が失われた。町家が建ち並ぶ伝統的な町並みは、文化的な価値が十分には認識されないまま失われ、すでに保存の措置が講じられていた国宝に関しても、東京の東照宮・徳川家霊廟・浅草寺・日枝神社、仙台の伊達家霊廟などが焼失し、城郭は特に甚大な被害を被った。

日本の大都市は城下町を起源とするものが多く、それゆえに日本の大都市を空襲の標的とすれば、必然的に都市の中心に所在する城郭がターゲットとなってしまう。迷彩色に塗られてカモフラージュされた姫路城は奇跡的に難を逃れたが、名古屋城・和歌山城・岡山城・広島城などの天守が失われ、一九三二年に修理が完了したばかりだった首里城は艦砲射撃で破壊しつくされ、その他の城郭でも櫓など多くの建造物が失われた。

城郭建造物、特に天守は城下町という都市の構造と深く結びついた存在である。天守は城下町のいたるところから遠望できるように配されていたため、なくてはならない都市のシンボルとなり、広く親しまれる存在となっている。廃城令以後に市民が天守を守り抜いた理由もここにある。その天守が、空襲によって一瞬で消え去ったという事実は衝撃の出来事であった。天守の喪失は、悲惨な戦争の記憶として、市民の脳裏に深く刻み込まれたのである。

アジア太平洋戦争が終結した後、空襲等で失われた国宝建造物や、明治天皇の事績に基づく史跡である「聖跡」などは保護の対象から外された。これらのほとんどは、一九五〇年の文化財保護法の対象ともならず、やがて放置され、忘れ去られていったが、焼失して失われたはずの城郭建造物だけは、「再現」を通じて新たな姿で蘇《よみがえ》ることとなる。

復興天守の再現——和歌山城・広島城

焼失した天守の再建は戦後すぐに行われたわけではない。戦後の十年間、日本経済は疲弊し、国民の関心は飢えを凌《しの》ぐことにあった。また、空襲による家屋焼失に加え、外地からの復員者や引揚者、連合軍による接収もあって、建築面積は極端に不足し、戦災を免れた建築を補修しながら使用することで精一杯だった。

この状況に変化が訪れたのは、昭和三〇年代に入る頃からである。一九五六年（昭和三一）の経済白書が「もはや戦後ではない」と記述したように、政治体制が安定し、経済規模で戦前を上回る回復をみせたこの時期から、天守の再建が各地で実現していく。

そのうちの一つが和歌山城天守である。和歌山城天守は幕末の一八五〇年（嘉永《かえい》三）に再建された比較的新しい建造物であったが、明治維新後の動乱を生き抜き、一九三五年に大天守・小天守など城内の計一一棟が国宝に指定されていた（図40）。

しかしその一〇年後、一九四五年七月九日に空襲を受け、城内はほぼ全焼した。和歌山城下の南西端に所在する旧御殿医の郭《かく》家住宅の二階から、焼失していく大天守の姿が見えたということなので、大天守が焼けていくさまは旧城下町のほぼ全域から遠望できたはずで、多くの和歌山市民の脳裏に焼き付いたことは間違いない。

こうして天守という城下町のシンボルを失った衝撃は大きく、戦後まもなくから再建計画が持ち上がったが叶《かな》わず、ようやく一九五七年に工事費用の約半額を市民からの寄付で賄うことで着工に至り、翌年に竣工した（図41）。

和歌山城天守の再建設計には、大阪城天守閣の建設を指導した天沼俊一が関与しており、焼失以前に作成されていた各種図面や写真の他に、建設時の絵図類も総動員され、外観の形状に関しては焼失以前と全く同じといってよいレベルとなった。しかし、構造は鉄筋コンクリートで、博物館と展望台を兼ねる内部は、焼失以前とは全く異なるものとなった。

このように、和歌山城天守は、市民の直接的な財政支援、鉄筋コンクリート構造の採用、外観における歴史性の重視、内部における市民社会への対応、そのいずれもが共通するので、大阪城天守閣がモデルとなったことは間違いない。

鉄筋コンクリート構造の採用は、二度と焼失することがないように不燃を目指したからであろうし、戦後の建築法規の下では大型の木造建築の建設が困難であったことの制約も大きい。

図40　焼失以前の和歌山城天守.
出典：文化財保護委員会編『戦災等による焼失文化財　建造物篇』(1964年).

図41　再現された和歌山城天守.図40と同じ位置を撮影.

ただし、こうした実務的な理由以外に、戦後社会にあって広く市民に開かれた施設が希求されたことが、大阪城天守閣モデルを採用した最大の理由であろう。

しかし、大阪城天守閣と和歌山城天守には決定的に異なる点がある。それは、外観の歴史性の具体的な内容である。大阪城天守閣は歴史的な様式を用いてはいるが、あくまでも創作的に行われた新築であったのに対して、和歌山城天守は極めて正確に過去の姿へ回帰しており、しかもその正確さは、焼失前を記憶する多数の市民によって承認されている。和歌山城天守では、過去と同じ状況を再び出現させる「再現」が試みられたのである。

和歌山城天守と同年の広島城天守の再建においても、全く同じ構図が指摘できる。

広島城天守は一六世紀末期に建設されたもので、一九三一年には国宝に指定され、市民への公開も行われていたが、一九四五年八月六日に投下された原爆の爆風で倒壊した。

戦後しばらくの間、広島城は手つかずの状態となったが、一九五一年に体育文化博覧会会場となり、天守跡地には天守を模した仮設建造物が半年間設置された。この仮設建造物は、かつての天守よりも一回り小型で形状も異なったが、失われた天守への郷愁《きょうしゅう》を喚起し、市民の間では復興の気運が盛り上がった。

そして一九五三年に広島城跡は史跡に指定されて、城域の保全が決定した。広島城跡には日清戦争時の大本営跡など史跡的な要素が数多く存在したが、一九五八年の広島復興大博覧会の会場として、天守のみが旧図面に基づき旧位置に再建されることが決定した。

博覧会の趣旨から理解できるように、平和な過去への復帰を願う市民の強い要望で再現された天守は、原爆からの復興を象徴するものとなった。この広島城天守も、外観は倒壊直前の姿とされたが、内部は展望台を兼ねた博物館施設（広島城郷土館）となっている。

和歌山と広島は、大阪城天守閣をモデルとした天守を再建することによって、聳え立つランドマークを持つ城下町としての景観を復活させた。この天守は、内部の機能からもわかるようにあくまでも現代的な公共建築である。しかし、外観に関してはほぼ完全に焼失前と同じであるため、都市に放つイメージは本物の天守と変わるところはなく、市民の記憶も断絶を挟みながらも連続したものとなる。

歴史と記憶に裏打ちされて再現された天守の姿は、長かった戦争の辛《つら》い記憶を一掃し、城下町のプライドを復権するものとして市民の強い支持を得た。まさに戦後社会が創り上げた「復興天守」だったのである。

再現の波紋――鶴ヶ城から豊田城へ

復興天守には、和歌山城・広島城の他に、名古屋城天守（一九四五年五月一四日焼失、一九五九年建設）や岡山城天守（一九四五年六月二九日焼失、一九六六年建設）などがある。この二つも大阪城天守閣モデルを基本とし、戦前の図面や写真等を用いた精度の高い外観の再現が行われ、内部は公開施設となっている（図42）。

こうした戦後の復興天守の建設にあたっては、市民からの広範囲な寄付はあったが、再建の主体となったのは市町村などの地方公共団体である。戦前の府県は内務省の出先機関で、市町村の権限も限定的であったが、一九四七年制定の地方自治法により、独自財源を持つ地方公共団体へと変貌を遂げている。この地方公共団体が、戦後の市民社会に開かれた公共施設として城郭を捉えたことこそ、復興天守実現の最大の要因であろう。歴史に忠実な外観と市民に開放される内部という大阪城天守閣モデルは、史跡としての城郭の評価と戦後の地方自治の思想の両者に合致していたので、戦争の記憶の清算もあいまって各地に波及したのである。その意味でも復興天守は、戦後社会と整合する時代の産物だったのである。

図42　名古屋城天守．外観・内部．

ここで採用された再現という手法については、実測図面などに基づく精度の高い正確なものから、学術的な検討には基づくが創作に近いものまで、非常に広い幅がありうる。復興天守のように、過去の姿が広く市民の記憶に残っている場合には、正確な再現を行わざるをえないが、失われた後に長い年月を経ていた場合には、本物に限りなく近いものであろうが、想像上の産物であろうが、一般には区別がつきにくく、完成してしまえば視覚的なインパクトは同じである。そこで、天守を失ってから長い期間を経た都市においても、その建設が企画されるようになる。

一八七四年に除却され、一九六五年に再建された会津若松城（鶴ヶ城《つるがじょう》）天守閣の場合、古写真等を活用しているが再現の精度は復興天守よりも劣る。さらに、失われてから約九十年後の再建であるため、除却以前の姿を記憶する市民は存在せず、その意味では全く新たな都市景観を創出するものであった。これは、市民の記憶に残るかつての景観への回帰として認識された復興天守とは決定的に異なるものである（図43）。

時期は前後するが、市政二〇周年事業として一九六〇年に建設された小田原城の場合も、一八七〇年の廃城に伴って解体された天守をモデルにしているとはいえ、創作的な部分がある。鶴ヶ城や小田原城の場合には、かつて天守が存在したことは事実であるので、再現の精度は高くなくとも、歴史的な意味を伝える意義は存在している。しかし、再現という手法は、歴史上一度も天守が建設されたことのない都市にも波及している。

例えば、千葉《ちば》氏の居館だった亥鼻《いのはな》城跡に一九六七年に建設された千葉市立郷土博物館の外観は天守を彷彿させるもので「千葉城」と呼ばれている。しかし、ここにはかつて天守が存在した事実はない。滋賀県の長浜《ながはま》城歴史博物館（一九八三年）や（図44）、茨城県常総《じょうそう》市の石下《いしげ》町地域交流センター（一九九二年）も同様の事例である。

図43　再現された鶴ヶ城天守閣.

図44　長浜城歴史博物館.

このうち石下町地域交流センターは豊田《とよだ》城と通称されているが、常総市のホームページに「当時は、このような石垣や天守閣（高さ48・5メートル）ではなく、カヤ葺きの居館造」であったと自ら記すように創作であることを隠そうともしていない。その意味で再現ではなく、天守が有する象徴性のみを移植しようとしたものといえよう。

前述したように、精度には幅があるが、再現は発掘成果の尊重や文字史料・絵画史料の参照、同時代の建造物遺構との対比など、さまざまな制約を設けて行われている。こうした制約こそ再現の「正しさ」を保証するもので、それなくしては単なるファンタジーである。

天守という歴史的建造物を守り抜いた市民の意識は、史跡・国宝という国家の認知を勝ち取り、さらに戦災で失われた後にも再現による復興天守を生み出した。この過程のなかで広く認識された天守の強いイメージ発信力は、天守を失って長い時間が経過した城下町においても再現を推進する動機となり、さらには全く歴史的な根拠を持たない城下町以外の町にまで、天守的なファンタジーの建設を誘発したのである。

史跡整備と再現――首里城

前述したように、戦前までの史跡保存では、いたずらに手を加えず現状のまま維持していこうとする傾向が強かった。しかし、復興天守が建設された一九五〇年代後半以降、高度経済成長によって都市部の地価は継続的に高騰《こうとう》し、積極的な活用を行わずに放置した状態を続ける史跡のあり方が疑問視される状況になっていった。

また、史跡指定地で行われた復興天守の再現は、従来の史跡保存の方向性とは矛盾《むじゅん》するものであったが、長い戦争の時代の終了を象徴するものとして高く評価され、逆に史跡保存の方向性の転換を促す一因となった。

そこで、文化庁の前身である文化財保護委員会は一九六五年に「史跡等保存整備事業」を開始して、公園や学習施設等を史跡内に整備する方向に舵《かじ》を切った。とはいえ、当初の整備内容はトイレなど必要最小限な利便施設にとどまり、その形状もことさらに歴史性を強調するものではなく、いわば黒子的で目立たないものであった。しかし、一九六〇年代後半以降、都市部を中心に、史跡の公開活用を求める社会の声はさらに高まっていった。

　この時期、埋蔵文化財の発掘によって蓄積された情報量は増加し、文化財建造物の修理を通じて各時代の建築技術・技法の詳細も明らかになっていったため、遺跡の状態から失われた建造物の形状を推定する学術的な水準は飛躍的に向上した。さらに各地で文献史料や絵画史料あるいは古写真の収集と集約が行われた結果、江戸時代から明治初期にかけての大量の情報が手軽に使用できる環境も整っていった。その結果、学術的な知見を総動員すれば、精度の高い「正確な」再現が可能と考えられるようになったのである。さらに、一九七〇年代後半には建築基準法の弾力的な運用も始まり、それまで不可能であった大型の木造建築を実現できる法的な環境も整っていった。

図45　焼失以前の首里城正殿.
出典：『戦災等による焼失文化財　建造物篇』前掲.

　こうした状況の変化を受けて実現したのが首里城正殿の再現である。

　首里城は琉球《りゅうきゅう》王国の宮殿であり、清国からの使節が訪れる外交施設としても機能した。しかし、琉球処分によって、一八七九年（明治一二）に尚泰王《しょうたいおう》が退去した後には荒廃し、学校に転用された後、一時は取り壊しも検討された（図45）。

危機に瀕した首里城に対しては、古社寺保存会委員であった伊東忠太（第二章参照）らが建築学的に高く評価し、首里城内に創建された沖縄神社の存在を活用して社寺建造物とみなして、首里城正殿＝沖縄神社拝殿を一九二五年に古社寺保存法に基づく特別保護建造物に指定した（後に国宝に移行）。こうして保存の道が開けた首里城正殿には、一九三二年に大がかりな修理が施され、往事の姿を取り戻した。なお、このときに工芸作家の鎌倉芳太郎《かまくらよしたろう》（東京美術学校卒、一八九八〜一九八三）や建築技師の阪谷良之進《さかたにりょうのしん》（同、一八八三〜一九四一）らが行った詳細な調査は後の再現に大きく資するものとなった。

しかし、この修理の一三年後の一九四五年五月、アメリカ軍による艦砲射撃で首里城全域は焼失してしまう。戦後アメリカの軍政下に置かれた沖縄では、一九五八年に守礼門のみが再建されたが、これが切手の図案となるなど沖縄を象徴する建造物として認知されたため、正殿その他の建造物についても再建が望まれる状況となった。

戦後三〇年近く経過した一九七二年五月、沖縄は本土に復帰したが、復帰と同時に首里城は史跡に指定され、即座に石垣部分の再建が開始された。そして一九八〇年代からは、その他の建造物の再建計画が策定され、正殿については、内部空間の形状や各部のデザインは無論のこと、構造や材料も含めて焼失前と同じ技術で再現する方針が決定し、戦前に作成された図面・

写真・記録の他、関係者の詳細な聞き取りも行われるなど綿密な検討が行われながら工事は進行し、一九九二年に完成した（図46）。

こうして再現された首里城正殿は、悲惨な戦争被害と戦後のアメリカ軍占領を過去のものとする沖縄復興のシンボルとなった。この再現された正殿が二〇一九年一〇月に焼失した際、多くの市民が悲しみ落胆したことからも、その存在の大きさを窺い知れるだろう。

以上のような首里城正殿の再現に至る経緯とその果たした意味を確認してみると、焼失から再建に至る期間の長さこそ異なるが、和歌山城天守や広島城天守と同様の性格を示していることを理解できる。その意味で首里城正殿も復興天守の一つといえよう。

図46　再現された首里城正殿（外観）.

図47　再現された首里城正殿の内部.

ただし両者には決定的な差がある。戦後の復興天守では、構造は鉄筋コンクリートで内部は博物館・展望台施設となっていて、あくまでも現代的な公共施設として位置づけられていた。都市のシンボルとなる外観のみが歴史性に依拠しているのである。

一方、首里城正殿は構造も内部空間も素材も完全に再現しており、何かを展示するための施設ではなく、存在自体を見せるものとなっている。こうした性格であるため、見る側の意識としてはオーセンティックな歴史的建造物と等価な存在となったと言っても過言ではない。そのまま維持されていれば、五十年、百年後には本物との見極めが困難になるレベルのものなのである（図47）。

再現による過去の演出――掛川城

首里城正殿で試みられた伝統木造構法による再現は、復興天守とは異なる新しい段階の再現として、即座に全国に波及している。

静岡県の掛川《かけがわ》城は、一六世紀末期に山内《やまのうち》氏の居城として築城されたが、一八五四年（嘉永七）の安政東海地震で天守は損壊し、以後放置され一八六九年（明治二）に失われてしまった。このように明治のごく初期に失われたため、江戸時代の天守についての情報は不足しており、一九九四年に行われた掛川城天守閣の建設にあたっては、山内氏が掛川の後に領した高知城天守の形状を参照せざるをえなかった。

この再建された掛川城天守閣で注目すべきは、江戸時代に用いられていた伝統木造構法が採用されている点である。これによって、掛川城天守閣の外観・内部は、正確に江戸時代と同じである可能性は低いが、可能性としては江戸時代にありえた姿になっており、博物館のような特段の機能を与えることなく、内部空間をそのまま見せている（図48）。さらに掛川城では、翌年には同様の手法で大手門の再現も行っている。

復興天守の和歌山城天守閣・広島城天守閣の再現は、戦災から一五年を経ない期間で実施されている。すなわち、戦前の記憶が残る時期に実施されているから、焼失前と同じ姿であることを全ての市民が確認できる状況にあった。この誰もが認める外観の「正しさ」ゆえ、内部は全く異なる現代的な施設に変更することも可能だったのである。

図48　掛川城天守閣．外観・内部．

一方、掛川城天守閣は、失われてから約百五十年後に行われたもので、史料の残存状況も十分とはいえなかったから、誰にも本物との正確な照合は不可能である。表現は悪いが、こうした怪しさを打ち消すためには、内部も含めて全て伝統木造構法で建設し、本物らしさを強調するしかなかったのかもしれない。

掛川城にはもう一点興味深い現象が指摘できる。それは御殿の存在である。掛川城には、一八五五年（安政二）から一八六一年（文久《ぶんきゅう》元）にかけて再建された御殿（重要文化財）や門番所などが現存している。そのため掛川城内には、本物の歴史的建造物（御殿・門番所）と、江戸時代の技術・意匠で再現された建造物（天守閣・大手門）が併存しており、実際の建設年代は異なるが、江戸時代末期の歴史的な空間が作り出されているのである。しかしこれは本当の意味で「正しい」過去ではなく、可能性としての過去、あるいは現代が選び出した理想としての過去なのである。

異なる時代の共存と再現──出島

再現を行う場合、ターゲットとする時代設定、再現に値する過去の時代はいつなのかという現代の価値判断が常につきまとう。掛川城の場合では、現存する御殿と再現された天守は、全体として江戸時代末期の状況を示していて整合性がとれていたが、どの時代を目指して再現するのかという判断に迫られ、結果として不思議な空間が出現してしまうケースもある。長崎市の出島《でじま》はそうした事例の一つである。

出島は、鎖国下の江戸時代において、西洋と直接交易を行っていた唯一の場所である。江戸時代の出島では、日本建築の技術を用いて建設されたオランダ人商館が建ち並んでいたが、幕末の開港以降に性格が変貌し、オランダ人商館は失われ、代わって西洋風の洋館が建設された。そして、一九〇四年には埋め立てによって周辺市街地と接続してしまった。

出島の保存は、一九二二年の史跡指定に始まり、一九五一年には土地の公有化を開始している。そして、一九八二年に長崎市は整備構想を策定し、史跡である出島の公開活用を打ち出している。

整備構想が策定された時点の出島では、江戸時代のオランダ商館は全て失われていたが、幕末の石造倉庫と明治期以降の洋館群は残されていた。すなわち、江戸時代の開港地という史跡としての価値を表現する建造物は一棟も存在していないが、洋館群が創り出す近代長崎の景観は現存しているという状態だったのである。

当初の整備構想では、史跡的な価値を重視して洋館群を取り壊し、オランダ商館を再現することが検討された。しかし、この方向性は、市内の山手《やまて》地区などに残る洋館群を町並みとして保存していこうとする長崎市の施策と明らかに矛盾していた。長崎市という一つの主体が、一方で洋館群の保存を訴えながら他方で洋館を取り壊すことになるからである。

この矛盾を解消するように策定されたのが一九九六年の「復元整備計画」で、ここでの検討内容に則って再現工事に着手し、二〇〇六年に第一期工事が完成したが、そこで採用された方針は、旧出島の範囲を三つに分割し、それぞれを異なる時代設定で保存ないしは再現するというものであった。

図49　出島．再現されたオランダ商館．

図50　出島．幕末の石蔵．

図51　出島．明治の洋館（旧出島神学校）．

すなわち、西側エリアではシーボルトが生活していた一九世紀初期のオランダ商館群を、発掘成果やオランダに現存する建築模型等の史料に基づいて再現するが、中央エリアでは江戸時代末期に建設された石蔵を保存し、東側エリアでは残存する出島神学校や内外クラブといった洋館を保存して明治以降の景観を保全するというものである（図49・50・51）。

現在の出島では、洋館や石蔵が保存され、商館の再現にあたっては可能な限り厳格な考証が行われたから、歴史に対する最大限の配慮がなされたといってよい。しかし、各部分での歴史への厳格な配慮が行われた結果、全体としては、狭い範囲に三つの異なる時代が共存する、かつて一度も存在しなかった景観が出現してしまったのである。

再現の到達点——熊本城

首里城正殿や掛川城天守閣の出現を契機として、素材や構法《こうほう》も含めた精度の高い再現手法が全国に波及した。そして二一世紀に入ると、再現は地方のシンボル創造手法として広範囲で大がかりな展開を見せはじめる。

その代表的な事例が熊本城である。二〇一二年に熊本市が政令指定都市へ移行するタイミングに合わせて、熊本城の大がかりな整備が実施され、そこでは歴史性に依拠したさまざまな種類の保存と再現が試みられた。

熊本城は加藤《かとう》氏・細川氏が築城した大規模な城郭で、明治維新後に周辺部分で一部建造物の破却が行われた後、一八七七年の西南戦争に際して大小の天守が焼失するなどの大被害を被っている。その後は熊本鎮台・陸軍第六師団の本営として使用されたが、昭和に入る頃から軍施設の移転が進み、一九三三年には史跡に指定され、残存していた宇土櫓の他一三棟が国宝に指定され、戦時中のたび重なる空襲からも難を逃れた。戦後の一九五三年には熊本城公園として本格的な市民への開放が始まり、一九六〇年には国民体育大会会場として球場・テニスコート・プールなどの諸施設が建設され、同時に博物館と展望台を兼ねる鉄筋コンクリート構造の天守閣が、古写真等に基づいて再現された（図52・53）。

ここまでの熊本城の経緯から、廃城による荒廃・軍の使用・史跡としての保存・公園化と市

図52　再現された熊本城天守閣.

図53　熊本城天守閣．最上層内部.

民への開放・大阪城天守閣をモデルとした天守閣の再現という一連の流れが読み取れる。これは、オリジナルの天守が焼失した時期こそ相違するが、復興天守が辿った一般的な道筋を踏襲したものである。そして、一九七〇年代には、県立美術館（一九七六年）・市立博物館（一九七八年）が旧城域に開館しているが、いずれも市民に開放される公園という立地を意識したもので、歴史性に基づく演出は行われていない。

こうしたごく一般的なあり方が転換する契機となったのは、一九九三年に行われた細川刑《ぎょう》部《ぶ》邸の城内への移築である。細川支藩の大名屋敷であった細川刑部邸を、熊本城内の北西側三の丸に、付属屋や庭園を含めて一画をそのまま移築したために、本来は存在していなかった建造物であるにもかかわらず、独特の歴史性を醸し出す空間が出現したのである。

そして、一九九七年には、広大な城郭全体（約九八ヘクタール）を対象とする「熊本城復元

図54　熊本城本丸御殿．内部．

図55　市街地から見た熊本城天守閣と本丸御殿（2012年）．

整備計画」が策定され、中核となる本丸ゾーンでの建造物再現を柱とする積極的な整備が開始され、二〇〇三年には戌《いぬ》亥《い》櫓と未申《ひつじさる》櫓、二〇〇五年には飯田丸五階櫓、そして二〇〇八年には本丸御殿が、いずれも伝統的な木造構法で再現された（図54）。なお、このうち飯田丸五階櫓は、二〇一六年の熊本地震後に隅の石積みだけで支えられて倒壊を免れた「奇跡の一本石垣」で著名なものである。

さらに本丸ゾーンの南西に隣接した外部には、総合観光施設「城彩苑《じょうさいえん》」がオープンしたが、ここには観光案内所や熊本城を対象とした博物館の他に、歴史的な町並みを連想させる一画（桜の小《こう》路《じ》）が建設され、熊本城観光の窓口となっている。

熊本市街中心部からは、再現された天守閣や本丸御殿の大屋根を日常的に見渡すことができ、町のシンボルとなっていることを確認できる（図55）。その意味で、都市のシンボルとしての熊本城の意味は再現によって大きく向上したといってよい。熊本地震後に市民の支援を受けて速やかに復旧事業に着手したことは、こうした熊本城の性格をよく表している。

現在の熊本城では、オーセンティックな歴史的建造物である宇土櫓の他一三棟にも及ぶ重要文化財や石垣が保存されつつ、一九六〇年に外観のみを再現した大小天守閣、一九九〇年代以降に内部も含めて木造で再現が行われた本丸御殿などが加わっている。建設時期こそ異なるが、熊本城東南域の本丸ゾーンは江戸時代末期の景観で統一されているのである。

このうち、伝統的な木造構法で再現された本丸御殿は、江戸時代の姿そのものである保証はないが、精密な考証に基づいているため、宇土櫓など本物の歴史的建造物との区別は曖昧である。おそらく今後半世紀も経過すれば、説明抜きでは両者の差を認識できないようになるだろう。一方、外観のみを鉄筋コンクリート構造で再現した大小天守閣は、一度中に入れば、全く異質な存在であることは明白である。戦後社会が渇望して創り出した鉄筋コンクリート構造の天守は、現代では異端の存在となってしまったのである。

これは熊本城のみの問題ではない。例えば、名古屋城においても、一九五九年に再建された鉄筋コンクリート構造の天守の処遇が問題になっている。天守と同時期に空襲で焼失した本丸御殿が、二〇一八年に伝統木造構法を用いて再現された後、天守においても、伝統木造による再現が提起されているのである。

この建て替えが提起された背景にはコンクリートの寿命などもあるが、現在の天守と本丸御殿との間に横たわる大きな違和感が理由の一つであろう。木造で天守を再建すれば、この違和感は解消されるが、戦後の市民社会が求めた鉄筋コンクリート構造の天守という存在は否定されてしまう。これは自ら選択した歴史の否定に繋がりかねない行為なのである。

再現の意味

本章では城郭の保存と、そこから発生した再現の意味を検証してみた。

失われてしまった建造物の再建は、現代的な判断に基づく行為であり、そのなかで過去の姿への復帰を目指す再現も、建造物を新しく設計するための手法の一つにすぎない。

この再現に対しては、歴史的建造物の修理・復元とは対極にある紛《まが》いものという認識や、否定的な見解も根強い。しかし、現代日本における再現は、突如出現したものではなく、明治以降に行われた復元を重視する保存が生み出したものであり、修理によって復元された歴史的建造物と再現建造物が現代社会に放つメッセージは極めて似通ったものである。

戦後の復興天守で採用された再現は、一九九〇年代以降に全国の史跡などで積極的に展開されたことで、社会的に大きなアピール力を持つことが確認された。そして、そのアピール力の源泉は、失われた過去の姿にどれだけ近似しているかであるから、近年では、伝統的な木造を用いた、より精度の高い再現が求められるようになっている。

しかし、木造による再現精度の向上は、本物の歴史的建造物と再現建造物の判別を困難なものとする。さらに、本物に再現を加えることで、歴史的な意味を強烈に放つ空間を創り上げることも可能となる。そこで目にするものは、無数の可能性のなかから選択された理想の過去であるにすぎないが、実体として我々の眼前に出現することの意味は極めて大きい。

すなわち再現は、史料という制約に縛られるがゆえに、他では真似できないオリジナリティを持ちつつ、過去に付託した理想像を現代社会に対して視覚的に提示できる方法である。それが各地で再現が積極的に実施されている理由であるが、あくまでも目にしているのは、再現を行う上で意識的に選び出された理想の過去であることを、常に意識しておかなければならないだろう。

第五章　保存と活用――民家・近代建築

民家と近代建築

明治初期の神仏分離や廃城令によって、多くの歴史的建造物が破壊されたが、急激な破壊の進行は、それまで見過ごされていた歴史的建造物の価値をあらためて認識する契機となり、保存という概念を生み出す要因ともなった。これまで何度も述べてきたように、破壊は価値の発見と保存の母なのである。

しかし、日本近代において歴史的建造物の破壊が最も急速に進行した時期は明治維新期ではなく、昭和の戦中戦後期であろう。アジア太平洋戦争の終盤には多くの都市が空襲の標的となって建造物が焼失し、戦後の高度経済成長期には都市農村の区別なく建造物の更新が急ピッチで進行したからである。

戦災で失われた建造物のうち、城下町のシンボルであった城郭は、すでにその価値が広く周知されていたため再現により復興した。一方、庶民住宅である民家や明治以降の近代建築については、その価値が広く認められる以前の出来事であったため、何がどの程度存在したのかすら記録にとどめていない状態で多くが失われた。

第四章までみてきた社寺や城郭の建造物については、おぼろげながらではあるが江戸時代からその価値が認識されており、明治以降に価値評価は確実に深化して、保存のための社会的な仕組みも構築された。しかし、民家と近代建築については、昭和に至るまで歴史的な存在としての価値が意識されることはほとんどなかった。

その意味で、民家と近代建築は近代社会のなかで新たに「発見」されたものである。いつどのようにして民家と近代建築の価値は認識されはじめ、保存の道が模索されたのか、この経緯を戦前から戦後にかけて辿ることが本章の第一のテーマである。

もう一つのテーマは、民家と近代建築の保存の可否を決定づけることになる「活用」である。現代的な使用方法への変更を意味する活用は、社寺や城郭においては、あまり大きな問題とはならない。一方、民家と近代建築、とりわけ都市部の近代建築においては、どのようにして活用するかが最大の課題であり、保存方法や場合によっては価値の認識まで左右するものとなる。

民家の発見――民家採集と民芸

民家は広義には住宅一般を指すが、狭義には江戸時代に一定の形式を伴って普及した農家・

町家・中下層の武家住宅の建築を指している。狭義の民家といっても、長期にわたって建設されたため、明治の段階では膨大な数が存在するありふれたもので、第一章で言及した千年家のような特殊事例や、貴族住宅と類似する一部の上層農家・町家を除けば、文化的あるいは歴史的な存在として評価されることはなかった。

こうした民家に対して、初めて文化的な価値を見出したのは、明治末期から活動を始めた民俗学である。内務省の官僚であった柳《やなぎ》田國男《たくにお》（一八七五〜一九六二）は、明治末期から各地の農村に赴いて現地調査を行い、文字記録に残らない風俗習慣を重視する日本民俗学を提唱した。最初期から柳田の活動には建築関係者も参加しており、一九一七年に結成された白茅会《はくぼうかい》は、関東近郊の農村を中心に民家建築の調査を実施している。

この民家調査の中心となったのが、東京美術学校（現東京藝術大学）出身の建築家であった今和次郎《こんわじろう》（一八八八〜一九七三）である。社会の現状を克明に記録する「考現学」の提唱者として著名な今は、民家調査において図面や写真などを駆使して正確な記録を行った。当時、こうした調査は「民家採集」と呼ばれ、各地で実践された（図56）。

民家採集は、間取りなどの建築的な情報以外に、家具などの配置や生活スタイル、あるいは風俗伝承まで含めて対象としており、日本各地に地域固有の形式と使用方法を持つ農家建築が存在していることを明らかにした。一方、民家を歴史的な存在として捉える視点は弱く、建築年代や変化の過程といった問題への取り組みは顕著ではなかった。

こうした民俗学的な調査が本格化した一九二〇年代は、第一次世界大戦後の不況や昭和恐慌などの激しい経済変動に伴って、農村が極めて疲弊した時期に該当している。この状況下で内政を所掌する内務省は、国民の多数を占める中農層の没落が社会不安の要因となることを危惧し、農村の漸進的な改良を目指した各種調査や事業をスタートさせた。この観点からの農村部の住宅調査にも建築家や建築学者が参画しており、民家採集は民俗学の学術的な関心だけでなく、内政課題の解決策としての意味も有していたことを確認できる。

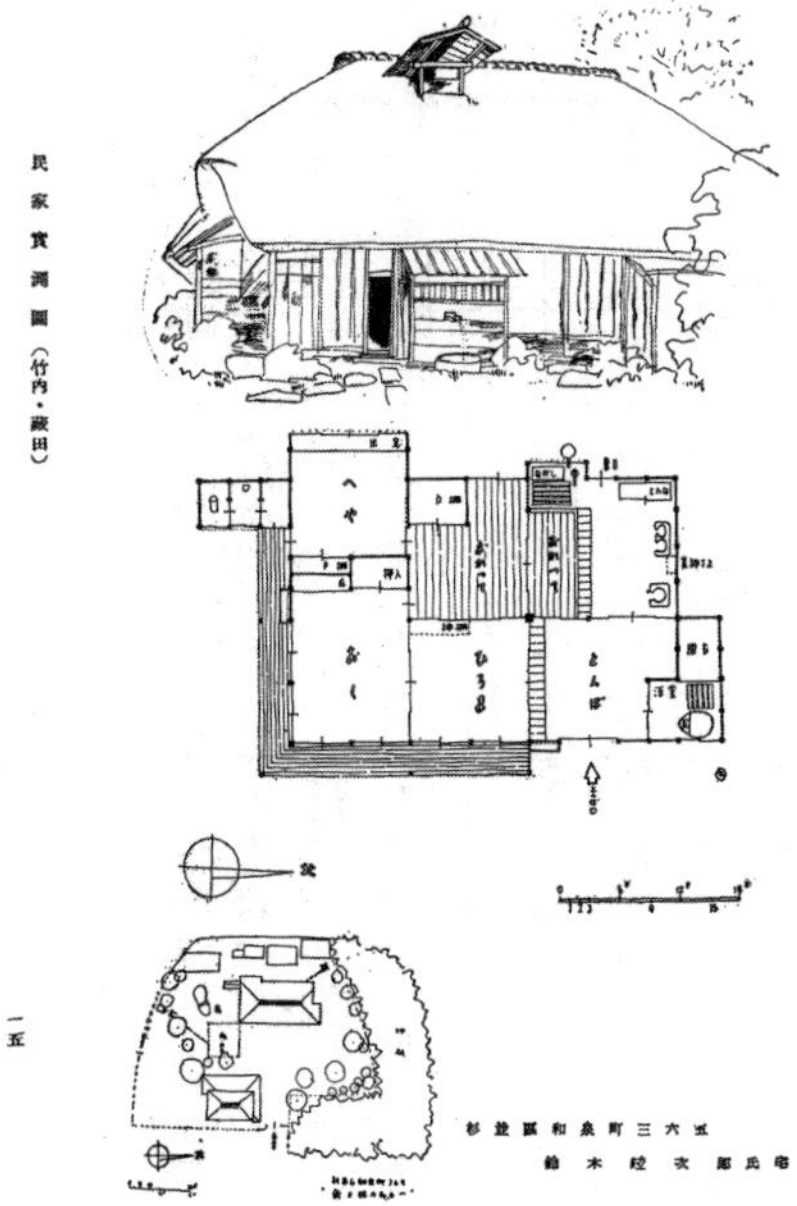

図56　民家採集．民家研究会の機関誌『民家』収録図（1936年），スケッチと図面による現状の記録．
出典：民家研究会編『民家』復刻版（柏書房，1986年，原著は1936年）．

ここで、民家採集の結果をまとめた白茅会編『民家図集』や民家研究会編『民家』を見ると、日本各地の民家事例の報告だけでなく、諸外国の民家紹介や民家建築の改善案が掲載されていることに気づく。民家の改良案を募集して掲載している記事の存在は、民家を改善すべき対象として捉えていることを意味しているだろう。

このようにマイナスから出発した民家の評価であるが、民家採集の実践を通じて目の当たりにした上層民家の迫力に加え、民具や民家を高く評価したヨーロッパの新しい芸術運動の影響を受けて、すぐさま日本でも民家への視点は変化していく。

一九世紀後半にイギリスで始まったアーツアンドクラフツ運動は、粗悪な工業製品を否定し、地域性や手仕事による工芸品に価値を見出し、生活と芸術の調和を目指したもので、民家を積極的に評価する視点を日本の民俗学者や美術家に提供した。柳宗悦《やなぎむねよし》（一八八九〜一九六一）による民具の再評価、「民芸」運動はその一例である。

建築界でも、ヨーロッパ各地で地域固有の建築を評価する動きが始まっている。一九二〇年代にオランダで展開したアムステルダム派は、民家の形態や素材に基づいた建築を模索し、装飾を否定したドイツやオーストリアの建築理念も、生活の器としての民家を高く評価しており、その思想は即座に日本に伝播《でんぱ》している（図57）。この新しい建築の評価軸に影響を受けて、昭和初期には民家の形態や生活スタイルに触発された新築の設計も行われるようになる。後に近代数寄屋《すきや》の巨匠と呼ばれた吉田五十八《よしだいそや》（一八九四〜一九七四）は、その一例である（図58）。

以上のように、民家に向けられた視線は短期間に大きく変容している。すなわち、実態把握と改良の対象から、民芸的な観点での評価を経て、新たな造形の規範となっているのである。

ただし、昭和戦前の段階で民家を高く評価したのは民俗学・建築学・美術家の一部にとどまっていた。そのため、戦前における民家の国宝指定は、大阪府羽曳野《はびきの》市の吉村《よしむら》家住宅（一九三七年指定）と京都市の二条陣屋小川《おがわ》家住宅（一九四四年指定）の二件のみで、その二件も上層武家住宅との類似性や史跡的な意味を重視しており、民家として評価したものではなかった。

図57　パークメールウク住宅（エム・クロポラー設計，1928年）．オランダで行われた民家の形態や素材に触発された設計事例．
出典：『新建築』4巻5号（新建築社，1928年）．

図58　旧吉田五十八自邸（1944年）．

近代建築の発見——日本橋・ニコライ堂・鹿鳴館

一九二〇年代までには、民家と同様に、明治期以降に建設された「近代建築」に対する関心も徐々に芽生えている。

なお、近代建築という呼称にはさまざまな意味があるが、本書では、幕末期以降に西洋の影響を受けて建設された建築を指す用語として用いている。

明治期においては、近代建築は竣工から間もない現役の建造物であり、その新奇な姿は西洋文明を象徴するものとして肯定的に受け入れられた。しかし、明治も後期になると近代建築に対する視線に変化が生じている。一方でナショナリズムの観点から日本の原風景を破壊した夾雑物とみなす認識が生まれ、他方で近代社会の構成要素として冷静に評価する視点も生まれているのである。

黒田鵬心《くろだほうしん》（一八八五〜一九六七）は、第三章で言及した関野貞の知遇を得て広く建築家と交流し、美的な観点から建築や都市に言及した人物である。黒田が一九一五年に編纂した『東京百建築』は、都市美の観点から東京の近代建築を選出したものである（図59）。黒田の意図は、建造物を実利的あるいは経済的に捉えるのではなく、都市の景観を構成する美的な存在として評価することにあり、建造物の文化的価値に言及したという点で画期的ではあるが、あくまでも同時代的な評価にとどまっている。

ついで、堀越三郎《ほりこしさぶろう》（一八八六〜一九七二）が一九二九年に発表した『明治初期の洋風建築』は、建築後おおむね半世紀を経過した明治初期の洋風建築についての学術的な研究である。近代建築は、ここで初めて歴史的な研究の対象となったのである。

さらに堀越が中心となって企画した、建築学会創立五〇周年記念の展覧会「五〇年の建築」の図録『明治大正建築写真聚覧』（一九三六年）は、二五〇棟の近代建築の写真を収録しており、その選出の基準については、①その時代を代表すること・②社会的に著名なること・③建築的に特徴あること・④建築界に由緒《ゆいしょ》深きこと・⑤広く設計者を網羅すること、と明記している。

この選出基準は、②を除けば、建築の美的・技術的・人脈的な価値評価であり、建築学を基盤とした近代建築の評価方法の萌芽が確認できる。

ここで、近代建築への評価が始まった一九二〇〜三〇年代は、建築学にとって大きな移行期であったことに留意しておきたい。この時期、石材や煉瓦を積み上げて西洋の歴史的な様式を引用して設計される建築は過去のものとなり、鉄骨構造や鉄筋コンクリート構造で新しい造形理念や機能に従って設計される建築へと移行しつつあった。そのため、明治中期までの建造物は、短期間で旧式化・陳腐化して実用品としての意味が弱まり、それゆえに歴史的な評価の対象へと移行しはじめていたのである。堀越の研究や建築学会の企画の背景には、こうした建築学の変容が指摘できる。

そして、まさしくその時期に発生した関東大震災（一九二三年）では、旧式の建築は大きな被害を被っている。大震災からの復興にあたっては、当然のように耐震性能が高く機能的な新しいタイプの建築への置き換えが行われたが、いくつかの事例では、旧タイプとなった建築の歴史的な評価や保存が検討されている。

その一例に東京日本橋《にほんばし》（重要文化財）があげられる。

図59　『東京百建築』掲載の近代建築（警視庁）.
出典：黒田鵬心編『東京百建築』（建築画報社，1915年）.

道路の起点として著名な日本橋は、米元晋一《よねもとしんいち》と妻木頼黄が設計した石造二連のアーチ橋で、震災の一二年前にあたる一九一一年に竣工したものである。震災後には火災で損傷した石材が取り替えられて建設当初の姿に復元的に修理されており、しかも、この修理方針の決定にあたっては、震災の記憶を後世に伝えるために、被災して損傷したままの状態で保存するという選択肢も検討された。

また、コンドルが設計したニコライ堂（日本ハリストス正教会教団復活大聖堂、一八九一年、重要文化財）は、大震災でドームが崩落し内装も大きく損傷した。ここでは、廃墟となった状態での保存が検討された後、東京美術学校・早稲田大学の教授を務めた岡田信一郎《おかだしんいちろう》（一八八三〜一九三二）によって、ギリシャ正教の教会に相応しい様式的な整備やドームの形状変更など新築に近い大がかりな修理が実施された（図60）。

以上二例であるが、大震災という未曾有《みぞう》の大災害に遭遇した建造物のなかには、当初復元のほか、廃墟化した状態での保存が検討されたものもあった。これは、古代ローマの遺跡に触発された「廃墟の美学」に影響されたものであると同時に、第四章で言及した史跡の保存理念に近いものでもある。この段階で近過去の史跡としての評価が芽生えていたのである。

しかし、この二例は震災後の特殊な事例であって、戦前における近代建築の評価は高いものではなかった。その実情を最もよく体現しているのは鹿鳴館であろう（図61）。

一八八三年にコンドルの設計で建設された鹿鳴館は、一時は社交界の中心となったが、建設

図60　ニコライ堂．修理の前後．修理によるドームや尖塔の形状変更が確認できる．
出典：同前．

図61　鹿鳴館．
出典：藤井恵介・角田真弓編『明治大正昭和建築写真聚覧』（文生書院，2012年）．

の背景にあった不平等条約改正が失敗したことで、存在意義は失われた。不要となった鹿鳴館は、払い下げを巡る紆余曲折の後、一八九四年に華族会館へ払い下げられ、関東大震災で被災した後に放置され、結局、一九四〇年にひっそりと取り壊された。

明治の社交界を象徴する鹿鳴館の記憶は鮮明であり、払い下げを巡る経緯のなかで、建築への文化的な評価を示唆する発言がなされたことが、鳥海基樹《とりうみもとき》の研究によって明らかになっている。しかし、そうした評価を受けながらも、最終的な取り壊しに際して保存の動きはなかった。戦時体制への対応や都市機能の向上のためには、破壊は当然という風潮だったのである。

戦前の建築生産は、一九三七年にピークを迎えた後、戦時体制への移行のなかで急速に下降し、さらに戦局の悪化に伴って軍需を除く新規の大型建築を建設する余裕は失われた。そのなかで、近代建築の文化的な価値を巡る議論は完全に姿を消してしまったのである。

以上のように、戦前にすでに、明治以降の近代建築を文化的・歴史的な存在として評価する動きは現れているが、その動きは低調で、評価の観点も学術的な評価と史跡的な観点からに限られ、それも戦時体制のなかで姿を消していったのである。

文化財としての民家

前述したように、戦前の段階で、民俗学や建築学の観点から民家の評価は行われていた。ここでの評価を背景にして、戦後の一九五〇年に国宝保存法が文化財保護法へと衣替えすると、民家を文化財として保護するための仕組みは整った。

文化財保護法のなかでは、民家は異なる二つの位置づけがなされている。まず「民俗文化財」としての民家は、風俗習慣あるいは芸能の場として評価するものである。これは建造物内で行われる行為に力点が置かれており、建造物自体の評価は二次的なものにとどまる。一方、社寺や城郭と同じカテゴリーである「有形文化財」としての民家は、建造物自体の価値評価に基づくものである。この二重性は、民家の評価を担った民俗学と建築学という二つの主体に起因するものでもある。

戦前に建造物としての民家の評価は始まっていたが、その観点は曖昧であったため、有形文化財として民家を評価する視点の確立が建築学の課題となった。そこで、文化庁の前身である文化財保護委員会は、一九五四年に評価基準確立のための予備調査を、宮崎県椎葉村《しいばそん》・富山県五箇山《ごかやま》などを対象として実施した。そこで得られた知見を基にして、調査マニュアルともいうべき『民家のみかた調べかた』を刊行して調査手法の普及を図ると同時に、一九六六年から全都道府県を対象とした「民家緊急調査」を開始した。

この民家緊急調査は、高度経済成長期に入って急速に失われつつあった民家、特に農家の悉皆《しっかい》的な所在確認を行いつつ、そのなかから保存対象候補を評価の視点とともに抽出しようとしたもので、建築史学の研究者が中心となって都道府県単位で実施された。

民家緊急調査では、新しい調査方法も導入されている。戦前の民家採集があくまでも現況調査にとどまったのに対して、歴史的な存在として民家を捉えるために、社寺建造物の修理で開発された復元的な考察手法（第三章参照）を取り入れたのである（図62）。

その具体的な方法は、現況の間取りなどを作図した上で、柱や梁など主要な部材に残された痕跡を詳細に記録し、そこから改造の経緯を考察して、一棟一棟の改造の履歴を明らかにするものである。これを同一地域の多くの民家について行った上で相互比較して、歴史的な変化の大まかな傾向を明らかにし、さらに「普請《ふしん》文書」（建設時に作成された帳簿類）や部材に記された墨書などから建設時期が判明する遺構があれば、その年代を基準にして、時代による変遷の過程を明らかにする、といったものであった。

民家緊急調査以前には、民家は閉鎖的な農村社会の産物であるために地域性が強く、その地域性は原始から継承されてきたと考えられてきた。しかし、民家を歴史的に整理して捉えることが可能になると、それまでの民家に対する理解は大幅に修正されることになった。

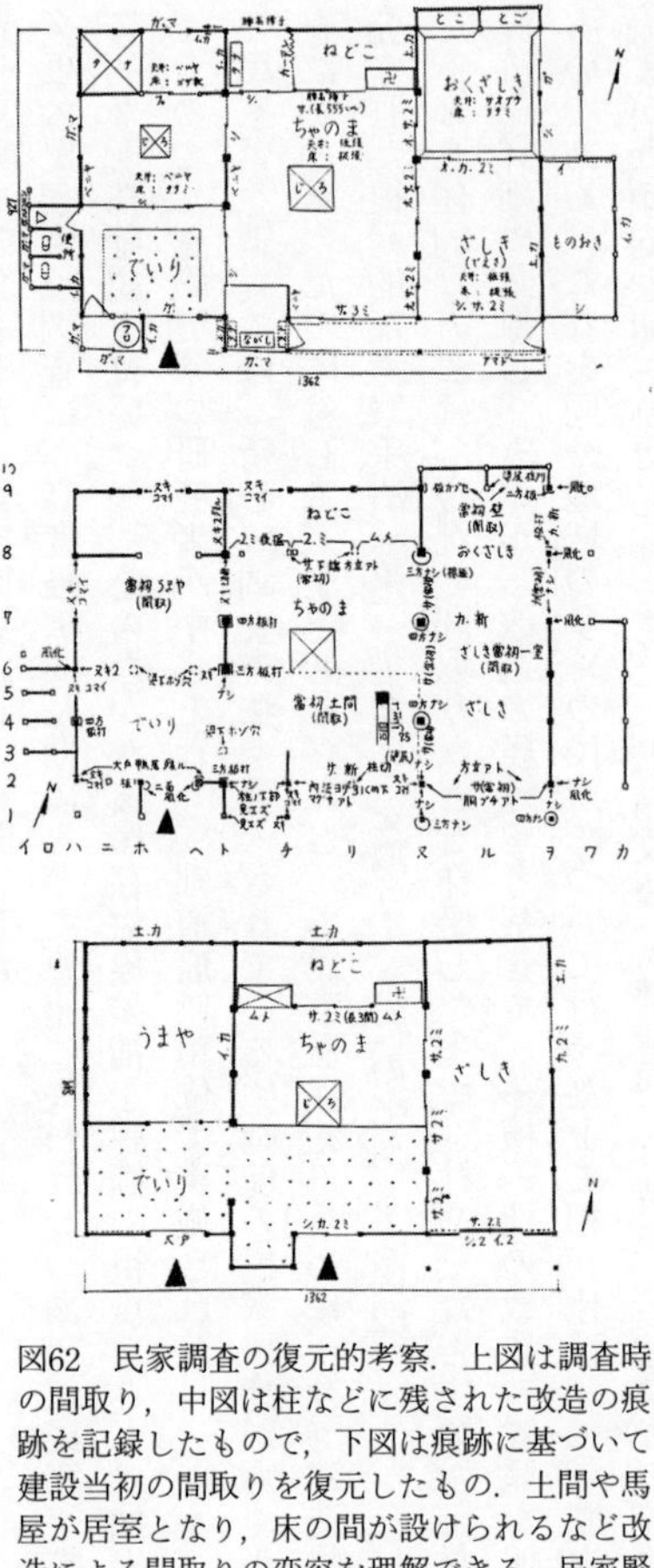

図62　民家調査の復元的考察．上図は調査時の間取り，中図は柱などに残された改造の痕跡を記録したもので，下図は痕跡に基づいて建設当初の間取りを復元したもの．土間や馬屋が居室となり，床の間が設けられるなど改造による間取りの変容を理解できる．民家緊急調査の先駆となった白馬村の調査報告から抜粋．

出典：太田博太郎『白馬村の民家　長野県民俗資料調査報告５』（長野県教育委員会，1964年）．

民家観の変化

民家緊急調査によって明らかになった事項を列記すると、まず、建設時期が一五世紀まで遡る建造物遺構は存在しておらず、一六世紀に遡る民家も、第一章でも触れた「千年家」を含めて全国で一〇棟以下であることが判明した。そして一七世紀に入ると遺構数は増加するが、東北南部から中国地方に至る本州全土で、似通った形式の民家が広く普及していたことが確認された（図63）。地域特有の民家の形式は一七世紀末期以降に発生した場合が多く、世界遺産で著名な飛驒《ひだ》と越中《えっちゅう》の境界周辺に所在する「合掌造《がっしょうづくり》」も、養蚕業に対応するためにこの時期に発生した形式と考えられるようになった。

こうして判明した事実から、日本の農村で耐久性のある建造物が出現したのは戦国期であって、その時期にプロトタイプともいうべき特定の形式が本州全土で普及した後に、江戸時代中期頃から次第に地域性を獲得していったという道筋が示された。そして、こうした歴史的な理解を前提として、民家を評価する観点は、以下のようにまとめられていった。

第一には、民俗学との関係性を重視する観点で、現在ないしは近過去の民俗的な行為との関係で建造物を評価するものである。次いで二番目が、歴史学・建築学の史料として評価する観点で、残存数の少ない一七世紀以前の遺構と一八世紀以降の変化過程を如実に示す遺構を高く評価するものとなる。最古の農家建築である箱木千年家は、この視点から一九六七年に重要文化財に指定されている。三番目は意匠・構造・空間を評価する観点で、これは建造物のデザインとしての優品を評価しようとするものである。岐阜県高山市《たかやま》の吉島家《よしじま》住宅は、一九〇七年という新しい時期の民家であるが、頭上に縦横に梁が飛ぶ土間周辺の意匠などが高く評価され、一九六六年に重要文化財に指定されている（図64）。四番目は、各地域の形式を代表する遺構を、発生の要因を踏まえて評価するものである。そして五番目が敷地内に所在する複数の建造物や田畑を一体のものとして捉える「屋敷構え」の観点で、これは農村景観あるいは農家の総合的な生活システムを評価しようとするものである。

図63　17世紀の農家．北村家住宅（日本民家園）．低い軒と閉鎖的な外観が古い時期の民家の特徴．

図64　意匠が高く評価された民家．吉島家住宅（高山市）．頭上に架かる印象的な梁組．写真：辻友成／アフロ．

こうして評価の観点が整理されて、一九六〇年代後半以降に民家の文化財指定は進み、合わせて文化財保護制度の整備も行われている。一九七五年の文化財保護法の改正で、建造物と「一体をなしてその価値を形成している土地その他の物件」（第二条）を指定できることとしたのは、前述した民家の評価の観点のうち、四番目の地域性と五番目の屋敷構えを制度的に保証したものである。

この法改正の翌年、一九七六年に重要文化財に指定された徳島県の福永《ふくなが》家住宅の場合、主屋《おもや》の他に、離座敷《はなれざしき》・土蔵・納屋《なや》・塩納屋・薪納屋の五棟と宅地および塩田約七九〇〇平方メートルが全て指定されている（図65）。土地を含むこれらが一括して重要文化財となったのは、製塩設備を完備した屋敷構え全体を評価したからに他ならない。

図65　建築群として評価された民家．福永家住宅（鳴門市）．海水から製塩を行う一連の施設が存在．

さらに、一九七五年の文化財保護法改正では、第六章で後述する町並み保存の制度化（第二条、第一四二～一四六条）や、地方公共団体独自の文化財保護制度の明文化（第九八条）なども盛り込まれており、民家緊急調査の主体となった地方公共団体が、民家・民具・無形の民俗文化財を、独自の観点で保護する基盤ができ上がった。

このように緊急調査を通じて、民家建築の研究は著しく進展し、結果として多くの俗説や通説が覆され、文化財の制度的な整備も行われた。しかし、歴史性の評価は明快になったが、それ以外の評価の観点には曖昧さが残り、構造やデザインの評価は専門的すぎて一般には理解しにくいものとなった。そのため、社寺や城郭、あるいは近代建築と比較した場合に一般の興味を惹きにくく、保存後に放置されるケースが多発する要因となっている。

民家の修理と復元

民家の本来的な役割は一般庶民の生活の場であるが、生活者の家族構成や生活スタイルは短期間で変化し、その変化に対応するため民家には修理や改造が頻繁に施される。そうした修理や改造の工事レベルは概して低く、特に明治以降の修理や改造は、その場しのぎの最低限のものが多かったため、一九六〇年代後半以降に文化財指定された民家は、その時点で危機的状態にあるものが大半だった。

民家の修理でまず検討されたのは、住宅という本来的な機能の維持である。しかし、現代住宅として使いつづけるためのハードルは高い。断熱・採光・遮音といった快適性の獲得や構造の補強のためには、室内の天井・床・建具などあらゆる部分を変更する必要があり、さらに茅《かや》葺《ぶき》屋根や外壁の木材は、防火耐火上の問題も大きい。

民家建築としての文化的・歴史的な価値を重視すれば現代住宅としての機能には応えられず、

現代住宅としての改造を施すと文化財としての価値をほとんど失ってしまいかねない。特に一八世紀以前に遡る古い時期の農家建築では、この二つの乖離は極めて大きく、残念ながらその抜本的な解決方法は現在に至るまで提示されていない。

一方、民家のなかでも、町家や一九世紀以降の農家や武士住宅などでは、歴史的な価値の損失を最小限に食い止めながら、住宅として使用しつづけることが可能な場合も多い。第六章で言及する町並み保存を通じて、一九七〇年代から修理の事例が蓄積され、一定のノウハウも蓄積されてきているのである。

近年では「リノベーション」と名づけて、民家を現代住宅として使いつづける試みが注目を集めており、そのこと自体は歓迎すべき現象である。しかし、リノベーションの事例のなかには、民家調査を通じて認知されてきたさまざまな文化的な価値を無視し、町並み保存のなかで蓄積されてきた修理方法を参照していないものも多い。設計施工者による不必要な破壊や現状変更が続発しているのである。

民俗資料としての価値を重視した修理にも課題が指摘されるだろう。この場合、近過去の生活空間をイメージさせる状態を指向するため、建造物の十分な調査がなされないまま創作に陥る場合もあり、修理後の状況も、多くの民具が氾濫《はんらん》した物置小屋のような状態に陥るケースが頻発しているのである。

歴史学・建築学の資料として評価された場合や、建築としての意匠・構造・空間が高く評価された場合の修理では、建設された当初の姿に価値を見出して復元が検討される場合が多い。特に、一七世紀以前に遡るような遺構では、その稀少性から、厳密な部材レベルの調査を行って建設当初の姿に復元されたケースが大部分である。しかし、江戸時代初期の姿に復元されれば、当然、現代住宅としての機能を喪失してしまう。そのため、本来の所有者の手を離れ、移築して復元された後に展示施設とされることが大半となっている。

ここで留意しておきたいのは、復元を行うために移築がなされたという事例は少なく、ほとんどの場合、所有者が建て替えを希望して破棄したために、それを移築して復元したという順序で進行している。つまり、住宅としては放棄されたことが前提となって、復元が行われたのである。これは寺社や城郭との大きな相違である。

民家園――川崎市立日本民家園・合掌造り民家園・おかげ横丁

一九六〇年代後半には、民家の文化的な価値はある程度認知されるようになったが、現代住宅としての使用には耐えないものという意識が強まり、依然として破壊と破棄に歯止めはかからなかった。そのため、破棄されてしまう民家を移築した上で復元して公開するという選択肢が模索されるようになり、その受け入れ先としての「民家園」が出現している。

ヨーロッパにおいては、スウェーデンの「スカンセン」（一八九一年開園）のように、近代化・産業化で失われつつあった伝統的な民俗・民家を展示する屋外博物館がすでに存在しており、こうした事例が日本の民家園のモデルとなった。

　日本における民家園の第一号は、一九五六年に開園した大阪府豊中《とよなか》市の「日本民家集落博物館」で、東北から九州に至る各地の民家が移築されて、原則復元した上で展示された。関東では、一九六七年に開園した川崎市の「日本民家園」があり、その他に「四国村」（高松市・一九七六年）や「みちのく民俗村」（岩手県北上《きたかみ》市・一九八三年着手一九九二年完成）などがあり、遺跡保存を目的とした各地の「風土記《ふどき》の丘公園」（一九六六年〜）に併設される民家園などを含めると、全国で約六十か所以上存在している。

　民家園は、一か所を訪れるだけでさまざまな地域形式の民家を比較して見学でき、所有者の現代的な生活を考慮する必要がないので、過去の状態への完全な復元が可能である（図66）。一方、本来の立地環境や生活とは切り離された展示物となり、別の場所に

図66　復元された民家．作田家住宅（日本民家園）．

図67　白川村の「合掌造り民家園」．

存在していた異質なものが同居する不思議な光景を創り出してしまう危険性がある。生活の場という本来的な民家のあり方は稀薄になってしまうのである。

ここで川崎市の日本民家園の構成をみると、各民家は独立した敷地に旧所在地での方角を維持して建ち、互いに見えにくいように立地している。また、「おきなわ郷土村」(沖縄県本部《もとぶ》町・一九八〇年)のように、屋敷構えに配慮して、塀や附属家も含めて移築されたものも存在している。こうした配慮は、民家園の欠点を少しでも是正しようとしたものである。

民家園には、屋外博物館とはもう少し別の役割を担うものも存在している。岐阜県白川《しらかわ》村の「合掌造り民家園」(一九七一年)は、この地域に特徴的な合掌造のみを集めた民家園で、現役の住宅として使用されつづけている合掌造が残る「白川村荻町《おぎまち》」に隣接して設けられている。つまり、この民家園は、本物で現役の集落を散策した後に、そこでは立ち入りが困難な民家の内部を見学できるものとなっている。このように、合掌造り民家園は白川村荻町という本物の集落を補完する装置であり、似通った景観でありながら全く異なる性格を有する二つの存在が、川を隔てて隣接している状況となっている(図67)。

また、「房総風土記の丘」(一九七六年)に隣接して設けられた「房総の村」(一九八六年)では、民家に類似した新築の建造物を加えて、架空の町並みが創り出されている。こうした歴史的建造物と類似した新築の建造物には、民家調査の成果が反映されていて、かつて存在していたとしても不思議ではない形状が採用されている。これは、全くの創作というよりも、第四章で検討した再現建造物――かつて存在しながら失われた建造物を学術的な根拠に基づいて再建するもの――と類似する存在と位置づけられるだろう。

民家園のなかで生み出された疑似再現建造物ともいうべき存在は、一九九〇年頃からさらなる展開を見せている。

伊勢神宮内宮《ないくう》の門前、「おはらい町通り」には、三角形の妻を街路に見せる特徴的な町家が建ち並んでいる。ここは「本物」の歴史的町並みであるが、この通りに直交するように接続する「おかげ横丁」は、名産の餅《もち》で有名な「赤福《あかふく》」が一九九三年に新規に建設したもので、約七〇〇〇平方メートルの敷地に、近隣から移築された歴史的建造物と、地域に特有の形式・構法で建設された新築の建造物二〇棟が建ち並んでいる（図68）。

図68　おかげ横丁.

このように、おかげ横丁は歴史的な町並みに似通ったものを、再現手法を応用して建設したもので、それが本物の歴史的な町並みと違和感なく接続し、一体となった新たな町並みを創り出している。これは、先ほどの白川村荻町と合掌造り民家園の関係と類似したもので、歴史的建造物という存在が新たな町並みの創造を誘発した事例といえるだろう。

文化財としての近代建築――明治村

高度経済成長を迎えた一九六〇年代には、民家の破壊だけでなく、戦災を免れた近代建築の建て替えも急速に進行している。

そうしたなか、建築学の学術的な観点に基づいた近代建築の重要文化財指定が始まっている。一九五六年に造幣寮鋳造所および泉布観《せんぷかん》（大阪府・一八七一年、図69）、次いで一九六一年に開智学校《かいち》（長野県・一八七六年）・旧グラバー住宅（長崎県・一八六三年）・旧ハッサム住宅（兵庫県・一九〇二年）と続き、以降は継続して年に数件、近代建築が重要文化財に指定される状況となった。

これらをみると、江戸時代末期から明治初期に建設されたものがほとんどで、意匠・計画・構造技術といった建築学上の評価に加え、史跡的な意味を加味しているものが目につく。また、このなかで飛び抜けて新しい旧ハッサム住宅については、建設後五九年目で重要文化財に指定されており、この約六十年という期間は、その後の文化財指定にあたって暗黙のルールと化している。これは、歴史的建造物の評価が定まるためには一定の時間の経過が必要と考えられたためであり、同時に六十年という期間は、建造物にかかる減価償却が終了し、経済的な価値が完全に失われる期間にも該当している。

このようにして、文化財保護法に基づく重要文化財指定は開始されたが、その数は毎年数件にすぎず、近代建築が急速に失われていく状況の歯止めとはならなかった。そうしたなかで企画されたのが「博物館明治村」である。

博物館明治村は、名古屋鉄道の社長を務めた土川元夫《つちかわもとお》（一九〇三〜七四）と彼の旧制高校の同級生だった建築家の谷口吉郎《たにぐちよしろう》（一九〇四〜七九）が企画したもので、各地で破壊されることが決まった明治期を中心とする近代建築を、愛知県の犬山市山中に移築して設けられた屋外博物館で、一九六五年に開園している（図70）。

図69　初期の重要文化財指定．泉布観．

図70　明治村の近代建築．西郷従道邸．

明治村は近代建築限定の民家園ともいうべき存在であるため、移築の際に基本的には復元が実施されており、一か所で日本の明治時代の建築文化を俯瞰《ふかん》できる。ただし本来の場所で有していた性格や景観への貢献が失われてしまうことは避けられない。なお、明治村では、創設期に短期間で移築したために十分な調査が行えなかった事例が多く、近年二度目の修理を行う際に、再度徹底した調査が実施されており、そこで新たな知見が数多く得られていることを付記しておこう。

近代建築を移築した事例は他にも各地で散見される。ただし近代建築に関しては移築という手法には限界がある。それは、構造種別と建築規模に問題があるからで、木造の場合には移築は比較的容易であるが、煉瓦造や鉄筋コンクリート構造などの場合には移築は極めて困難になる。また近代に特有な大型建造物の場合には、その全てを移築することは叶わない。明治村でも、煉瓦造の建造物は旧日本聖公会京都聖約翰《ヨハネ》教会堂（一九〇七年）など数少なく、世界的建築家のフランク・ロイド・ライトが設計した帝国ホテル（一九二三年）は鉄筋コンクリート構造であったため、中央玄関のみの移築にとどまっている。

歴史的建造物の価値を巡る議論のなかで、明治期から常に土地との一体性が重視されていた。ただし社寺や城郭の場合には、移築による保存という選択肢が検討されることはほとんどなく、民家と近代建築の保存に際して初めて問題が顕在化した。特に都市に所在して多くの人が記憶する公共の近代建築の場合には、現地にそのまま所在できるかどうかが最も重要な問題である。しかし、高密度を求める開発圧力の強い都市部にあっては、歴史的建造物をそのまま残すための課題は多く、全ての関係者がその価値を評価して残したいと考えていたとしても、保存できないという状況が頻出したのである。

明治村は開園当初に年間約八十万人の見学者を集め、その数は一九六八年には年間百五十万人を越えた。これは消えゆく明治の近代建築に思いを寄せ、その価値を認知する人々の多さを示している。しかし、依然として近代建築の保存が進まない状況は継続していく。明治村は、近代建築の現地保存の困難さをあらためてクローズアップする存在となったのである。

明治一〇〇年という視点──三菱一号館・旧近衛師団司令部

ここであらためて、一九六〇年代において、近代建築の価値がどのように評価されていたのかについて確認してみよう。

近代建築評価の黎明期にあたる一九六八年は、明治維新からちょうど一〇〇年目に該当していた。そのため、この数年前からさまざまな分野で近代を回顧する試みが本格化し、日本建築学会では、学会発足八〇周年事業と合わせて、「近代日本建築学発達について、この一〇〇年を顧み、また戦後の高度産業の成長を今日眼前にして、歴史を編述する」ことが企画され、その成果として『近代日本建築学発達史』が一九七二年に刊行された。

この企画にあたっては、構造・材料・環境工学など建築学を構成する各分野それぞれの第一線の研究者が、各々の分野を回顧的に総括しており、明治以降の各時期の先駆的な技術や計画・意匠が抽出され、代表的な建築作品名、担い手としての人物（建築家・技術者）や組織が抽出された。この内容はそのままで、近代建築を評価する際の視点となり得るものであり、このプロジェクトの幹事となった村松貞次郎《むらまつていじろう》（一九二四〜九七）や近江榮《おうみさかえ》（一九二五〜二〇〇五）を中心とした日本近代建築史の構築とあわせて、この時期に建築学における近代建築の評価基準が確立したといってよい。

そして、このプロジェクトが進行していた同じ時期には、東京大学で建築史学を担当していた太田博太郎《おおたひろたろう》（一九一二〜二〇〇七）が、近代建築や歴史的町並みの保存に関する論説を、総合誌あるいは新聞紙上で相次いで発表している。

ここで太田が繰り返し主張した論旨は、おおむね以下のようにまとめられる。

まず第一には、一九六八年が明治維新後一〇〇年に該当することに注目し、明治維新と日本近代を問い直す契機として、近代建築の保存を持ち出している。これは、近代建築のなかでも比較的古い時代の遺構が「明治建築」として重要視されていたことを物語っている。前述した明治村の呼称からも明らかなように、これは一般にも通じる視点であり、この時点では、関東大震災以降の大正・昭和初期（一九二〇〜三〇年代）の建築は、視野に入っていないことが確認できる。

続いて第二には、一九三六年に建築学会が編纂した『明治大正建築写真聚覧』に選出された二五〇棟のうち、一九六五年時点で二〇棟以下しか現存していないことを強調し、その危機的状況を訴えている。これは建造物の残存率・稀少性からの問題提起である。

第三には、約五十年間の安土桃山時代の建造物が三八〇棟も重要文化財として保存されているのに対して、明治維新から約百年間の近代建築の重要文化財は、一九六八年時点で二〇棟しかないという数値を示して、急速に進行する破壊への危惧を示しつつ、国の支援による文化財指定を促進すべきだと主張している。これは歴史資料としての建造物という観点からの主張である。そして第四の観点として、近代建築などの歴史的建造物を日常的な景観を創り出す要素として捉え、誰もが体験できる日常的な景観の保全を主張している。

こうした太田の主張は明快でわかりやすいため、一定の訴求力を持ったが、開発圧力に晒される近代建築の保存には、正直なところ無力であった。建築学の専門家による価値評価は、保存の実効性を伴うものではなかったのである。

この厳しい現実は、まさしく明治一〇〇年に該当する一九六八年にあからさまになった。この年、都心部に残存する最後の煉瓦造大型建築であった三菱一号館と旧近衛師団《このえしだん》司令部庁舎の取り壊しが相次いで発表されたのである。

一八九四年に竣工した三菱一号館は、コンドル設計による日本最初の西洋式オフィスビルで、「一丁ロンドン」と称された丸の内オフィス街の象徴でもあった（図71）。また一九一〇年の旧近衛師団司令部庁舎は、陸軍技師の田村鎮《たむらやすし》（一八七八〜一九四二）が設計したもので、皇居を守護する近衛師団の庁舎として、他の陸軍施設とは一線を画する華やかな意匠が施されていた（図72）。

知名度が高く一般の記憶にも残るこの二つが失われれば、明治という一つの時代の建造物が

図71　1909年頃の丸の内．右側が三菱一号館．
出典：三菱地所株式会社社史編纂室編『丸の内百年のあゆみ――三菱地所社史』（1993年）．

図72　旧近衛師団司令部庁舎．

東京都心から完全に姿を消してしまう。この衝撃的な事実は広く知れ渡り、ようやく近代建築に対する保存の声が各方面からあがった。

その結果、国有財産であった旧近衛師団司令部庁舎は重要文化財に指定されて、東京国立近代美術館工芸館として活用することで保存されることになった（二〇二〇年より国立工芸館）。しかし、すでに開発計画が進行していた三菱一号館は、詳細な記録作成と一部部材の保存は行われたが、取り壊しが実施された。こうして東京の中心部からは、明治の趣を残す煉瓦造の建造物は、わずか一棟を残して一掃されてしまったのである。

この衝撃の後、近代建築の保存は八方塞《はっぽうふさ》がりの状況に陥る。その間にも都市の再開発は進行し、明治建築のみならず多くの大正・昭和初期の建造物が破壊されてしまった。

保存と市民運動——東京駅舎・『近代建築総覧』

こうした状況の転換点となったのが東京駅舎である。

一九一四年に竣工した東京駅舎（東京駅丸ノ内本屋）は、近代日本建築界の父ともいえる辰野金吾（第二章参照）が設計したもので、鉄骨の構造体に煉瓦を充塡《じゅうてん》したその姿は華やかで、まさしく東京の顔であることに異論はないだろう（図73）。

東京駅舎は、竣工まもなくの関東大震災に耐えたが、空襲で南北のドームを焼失するなどの大被害を受け、一九四七年に形状を簡略化して暫定的に復旧した後、そのままの状態で使用されつづけていた。その間、一九七七年には東京駅と丸の内地区の再開発が検討されるなど、日本国有鉄道（国鉄）は建て替えを模索しつづけ、とうとう一九八七年の国鉄分割民営化を契機として、駅舎の建て替え高層化を伴う再開発計画が発表されて、取り壊しが現実性を帯びた。しかし、この発表に対して広範囲な市民運動が巻き起こったのである。

運動の中心となったのは「赤レンガの東京駅を愛する市民の会」である。この会は前年まで文化庁長官を務めた作家の三浦朱門《みうらしゅもん》（一九二六～二〇一七）や女優の高峰三枝子《たかみねみえこ》（一九一八～九〇）などが中心となって結成されたもので、東京駅舎を用いた展覧会や音楽会・シンポジウムの開催などを通じて保存への賛同者を増やし、一〇万人を超える署名を集めて、JRや国会へ請願書を提出するなど積極的な活動を行った。その結果、一九八八年に、JRは方針転換して

図73　復元された東京駅舎．外観．

図74　復元された東京駅舎．ドーム内部．

保存を決定し、二〇〇三年には重要文化財に指定された。そして、二〇一二年に竣工した修理工事では、駅舎としての機能を継続するという活用方針の下、戦災で失われたドーム部分などが復元された（図74）。

保存を求める市民運動の原動力となったのは、赤レンガの東京駅舎が創り出す日常の都市景観であった。参加者の記憶に刻まれた東京駅舎の姿を維持することの重要性がまず共有され、加えて各種イベントを通じて、東京駅舎の使用方法、活用方法が模索され、他では見られない魅力的な空間を体験する楽しみが広く共有されていった。

こうした運動は、市民共有の財産として歴史的建造物を捉えようとするもので、一九八〇年代以降の近代建築の保存には必須の条件となった。その結果、資料性を重視する建築学の専門的な価値づけは、市民運動を補完するものへと後退していったのである。

こうした市民運動の拠りどころとなったのが、一九八〇年に刊行された『日本近代建築総覧』である。『近代日本建築学発達史』に携わった村松貞次郎を中心にして編纂されたこの本は、特定の判断基準に基づく価値評価を放棄して、戦前に建てられたことが確認された全ての建造物を網羅的に取り上げ、その基礎的な情報のみを収録したリストである。

このリストは、近代の歴史的建造物を全て等価な存在として示しており、そのなかから市民運動による援護と適切な活用方法の提案がなされた上で、所有者が決断したものが保存されるという図式が成立したのである。こうして、建築学など専門学術分野が選別した少数の歴史的建造物を国家が手厚く保護していくという従来の構図は崩れていった。

一九八〇年代後半に入ると日本は未曾有の好景気に突入し、経済原理に則った都市の再開発はピークを迎えた。それ以前の高度成長期には、近代建築に関心が払われることはなかったが、東京駅舎の保存が決定したこの時期以降には、依然として破壊は進行したが、市民運動に配慮して保存が考慮されることも一般化した。そうした転換のなかで、市民の記憶と直結した都市景観への貢献と現代的な資産としての活用方法がクローズアップされていった。

ファサード保存——中京郵便局・東京中央郵便局

建造物の寿命を延ばすには修理が不可欠だが、修理を行えば建造物の文化的な価値は大なり小なり失われる。これは社寺や城郭でも見られた現象であるが、近代建築においては、都市景観と活用という二つの観点がクローズアップされたことで、修理方針を巡る問題はより複雑化している。

例えば一八七八年に建設された旧札幌農学校演武場の保存は、景観という観点が重視された初期の事例であろう。この建築は、講堂と練兵・体育場を兼ねる施設として建設されたが、一八八一年に上部に時計台が増築され、農学校移転後の一九〇六年に一〇〇メートルほど南の現在地に移動して維持され、札幌時計台として親しまれる存在となったものである。

一九七〇年に重要文化財に指定された際には、開拓使時代を代表する史跡的な性格や、アメリカの影響が強い建築技術や外観デザインも評価されたが、その三年前に行われた修理工事では、当初復元は行われず、後づけの時計台は残置したまま現地で保存する方法が選択された。これは市民の記憶に残る時計台の姿を重視した選択である。

市民の記憶と直結する都市景観を重視する評価方法は、公共性と日常性に由来するわかりやすい論理であるため、都市部の近代建築保存の立脚点となっている。これは景観資源としての活用と言い換えてもよいものである。しかし、この論理は建造物の街路に面した正面外観さえ残ればよしとする主張につながり、「ファサード保存」の氾濫を招いてしまった。

一九八〇年代以降に都市中心部の近代建築で多く用いられたファサード保存は、土地の有効利用を追求する経済的な論理と景観という公共的な論理が結びついて現れたもので、建造物本体は現代的な要求に従って全面的に改装して活用しつつ、街路に面した外観（＝ファサード）のみを保存するというものである。

ファサード保存が初めて用いられたのは京都市の中京《なかぎょう》郵便局である。一九〇二年に逓信《ていしん》省が建設したこの建造物は、赤煉瓦と白石を組み合わせた華やかな外観で、近代建築が建ち並ぶ京都市の三条《さんじょう》通のなかでも一際目を引く存在である。一九七四年に改築が決定したが、当時の郵政省内部で取り壊しに慎重な意見があり、また保存を求める市民運動もあって、一九七八年に行われた工事では、三条通と東洞院《ひがしのとういん》通に面した二面の外壁を残し、内部を新築の建造物で置き換える方法が採用された（図75）。

中京郵便局の事例では、施主であり、かつ修理工事の設計主体でもある郵政省建築部は、歴史的建造物の多様な価値のほとんどを失うファサード保存には懐疑的だったようである。しかし都市景観の保全という観点からの要望を受け入れて、いわば苦肉の策としてファサード保存を採用した。しかし、ここで生まれたファサード保存は次第に普及し、バブル景気のなかで進行する都市部のオフィスビル等の建て替えで多く用いられるものとなった。

例えば、東京大手町《おおてまち》の東京銀行集会所（一九一六年）の一九九三年に行われた建て替えでは、角地に該当する二方向の薄いファサードのみが保存され、背後の部分には高層ビルが建設され、東京銀行協会ビルヂングに生まれ変わった（図76）。また、戦後にＧＨＱ（連合国軍最高司令官総司令部）が使用し、マッカーサーの執務室が置かれたことで有名な東京有楽町の第一生命館（一九三八年）では、一九九五年に完成した工事で、土地の高度利用のために東側が二一階建ての高層ビル（ＤＮタワー21）に建て替えられ、その高層ビル西側の日比谷《ひびや》通側に旧第一生命館の一部が接続し、さらに背面側の仲通り側には、隣接していた農林中央金庫有楽町ビル（一九三三年）のファサードが貼り付けられた。

図75　中京郵便局.

図76　東京銀行協会ビルヂング.

その後も、阪神淡路大震災後の一九九八年に竣工した神戸海岸ビル（一九一八年）改修や、二〇〇〇年に行われた京都府立図書館（一九〇九年）の改修などで、ファサード保存と背後の高層化をセットにした方法が採用されている。

取り壊しを巡って政治問題化した東京中央郵便局（一九三三年）でも、紆余曲折の末に、高層棟を建設し、その周囲に旧郵便局のファサードを含む一部を貼り付ける方法が採用された（二〇一二年竣工）。この騒動のなかで、当時の鳩山邦夫《はとやまくにお》総務大臣が、歴史的建造物の取り壊しを「朱鷺《とき》を焼き鳥にして食べるようなもの」、ファサード保存を「剝製《はくせい》にして残す」ものとたとえたことは、発言の意図はどうあれ、核心を突いた表現であった。

ファサード保存は、市民の記憶に残る街路景観の維持に一定の意味が認められる。ただし、全てが失われるよりはまだましといった感覚の次善の策であったはずのものでもある。ファサード保存では、建造物の内部空間は失われ、書割《かきわり》のようなファサードと背後に聳える高層建築の対比がもたらす違和感は大きく、そしてなによりもファサード保存が取り壊しの免罪符となってしまった感は否めない。

容積移転と再現――明治生命館・三菱一号館美術館

近代建築など歴史的建造物が都市景観の重要な構成要素であることが広く社会に認知され、ファサード保存の問題点が顕在化してくると、保存を後押しする制度的な改変も行われるようになる。例えば、指定文化財等への建築基準法の適用除外や弾力的な運用は保存全般に大きな意味を持ち、その他に都市計画の手法を応用したものも現れている。

現行の都市計画・建築確認の制度では、敷地面積が基準となって建築の延べ床面積の上限が定められている。この割合が容積率で、地区ごとに五〇パーセント（延べ床面積が敷地の五〇パーセント）から一三〇〇パーセントまでの間で定められている。この制度の下では、容積率一〇〇〇パーセントの敷地に、容積三〇〇パーセントの歴史的建造物が存在していれば、その差である七〇〇ポイントは未使用となり、経済的な観点からは損失とみなされるため、取り壊しの動機となってしまう。

二〇〇〇年の建築基準法・都市計画法の改正の際に導入された特例容積率適用地区の制度は、未使用分の容積の移転を可能としたものである。この制度を用いると、歴史的建造物を維持しつつ、その上部の未使用の容積を隣地に移転できるので、経済的な不利益が解消されることになる。

岡田信一郎設計で一九三四年（昭和九）に竣工した明治生命館（明治生命保険相互会社本社本館）は、丸の内の女王と称されるアメリカ式オフィスビルの傑作で、一九九七年に昭和の建造物として初めて重要文化財に指定された。二〇〇一年に行われた改修では、特例容積率の適用を受けて隣接する明治安田生命ビルに容積率を移転することで、明治生命館の本体は内部も含めて完全に保存され、常時見学が可能となっている（図77）。

明治生命館の場合、ファサードと内部空間がともに保存され、上部に高層ビルは突き出ていない。しかし、この保存は隣接するひときわ高い高層ビルと一体となって実現したものである。したがって、歴史的建造物は望ましい方向で保存されたが、従来からの景観は維持されず、逆に新たな都市景観を誘発する要因となったことを示している。保存がもたらしたこの現象をどのように評価するかは今後の課題である。

都市中心部の歴史的建造物が生み出す景観への高い評価は、もう一つの新しい動向を生み出

図77　明治生命館と明治安田生命ビル.

図78　三菱一号館美術館（2010年）.

している。一九六八年に東京丸の内の三菱一号館が取り壊されたことは前述したが、その約四十年後にあたる二〇一〇年に、取り壊し当時に作成された詳細な図面に基づいて、美術館として再現されたのである（図78）。

三菱一号館美術館とその背後に建つ高層の丸の内パークビルディングは、東京駅舎からの容積率移転によって実現したものである。高い精度で再現された三菱一号館の姿は、材質の古びを除けば、往事とほとんど変わるところはない。その意味で、前述した天守の再現と極めて似通った構図を示しているといえよう。

しかし、失われた際の事情の相違に加えて、四十年以上の空白を経て景観の記憶は途絶しており、さらにいつでも再現できるのなら、取り壊しても構わないのではないかという疑念を生じさせるものとなった。この事例の評価も同じく今後の課題である。

活用と構造補強――旧近衛師団司令部庁舎

近代建築の保存には、景観面での貢献とともに、現代的な資産としての活用が求められる。これは、限られた土地の有効利用という所有者の論理と、多くの市民が使用できるという公共性の論理の両面から求められるものである。

特に、地価が高い都市中心部において活用は必須条件であり、歴史的建造物が本来的に有する魅力や価値の性格ではなく、経済的な負担を誰が担うのか、そのためにどのように活用するかが保存の可否を決定する。集客力があり経済原理にも沿った活用方法が提起されれば保存され、そうでなければ取り壊される、この原則に反することはありえず、公有化された場合でも例外とはならない。

歴史的建造物の活用は、何に用いるかという企画と資金計画、具体的にどこをどのように改造するかという設計の問題に依るところが大きい。活用は広い意味での集客力に期待するものであるから、歴史的建造物ならではの空間の魅力を再発見する契機ともなりうるが、企画が優先された結果、オリジナルの形態や素材が跡形もなくなるケースも当然多い。

活用を念頭に置いた修理には、外観以外の全てを新築で置き換えるファサード保存から、完全に内部も含めて現状を維持し、使用方法のみを変更するものまで無限の解答があるが、その解答の適否を判断する理念的な基準は存在しない。その意味で、歴史的建造物の修理は、新築の設計と同じく模範解答が存在しないものであることを再確認しておきたい。

さらに、不特定多数が使用する用途で活用しようとする場合、安全性確保のための構造補強や防火消火の措置が避けて通れない課題となる。建造物に求められる安全水準は、災害等が発生するたびに高められ、法規の規定は厳しくなっている。そのため、ほとんどの歴史的建造物は、現行の安全基準を満たさない「既存不適格」と呼ばれる状態にある。既存不適格の建造物はそのままでは違法ではないが、大規模な修理や模様替えを行う場合には、最新の水準に合わせて安全性能を向上させることが義務づけられている。その方法と歴史的建造物の価値の維持との両立が課題となるのである。

近代建築の活用に伴う初期の修理事例をみると、美術館へと機能転換した旧近衛師団司令部庁舎では、一九七七年に行われた修理で、耐震性能に不安があった煉瓦造の構造の内部全面に鉄筋コンクリートの構造体がはめ込まれた。その結果、室内からは歴史性を感じさせる煉瓦造の趣は姿を消し、インテリアという価値は全く失われてしまった。

一九九〇年代に入ると、構造設計の進歩によって、耐震補強を行いつつもオリジナルな建築空間をある程度残すことができるようになる。一九九〇年の同志社礼拝堂（一八八六年）の修理では、特徴的な梁組を残したまま、煉瓦造の壁体の内側に鉄骨の補強部を取り付けて耐震性能を向上させている。しかも、この補強部は取り外しが可能で、将来的に優れた技術が得られた際にはいつでもオリジナルに戻せるように配慮されている。しかし、窓や出入り口などでは補強壁の厚みが目立つので、違和感を感じるのも事実である。

このように、構造補強を行えば、改変せざるをえなくなる部分が必ず出現する。既存壁の厚みを増したり、柱を加えたり、本来は壁がなく開放されていた箇所に、筋交《すじか》い（×字型の補強材）や新設の壁を設けたりすることが構造補強の定石であるが、補強を行った結果出現してしまう改変部分をどのように捉えるかが問題として浮上する。

一九八九年に行われた旧名古屋控訴院地方裁判所区裁判所庁舎（一九二二年）の修理工事では、市政資料館としての活用を行うために入念な構造補強が実施されたが、ここでは外部に付け足された補強壁は本体と同化するように着色された（図79）。一方、一九九五年に行われた山形県旧県庁舎および県会議事堂（一九一六年）の修理では、コンサートなどを行うホールへの用途変更を行うために、L字型のステンレス製の巨大な補強材を両側面に六本づつ設置して構造補強を行ったが、この補強材はあえて金属の地肌を露出させて、後世の補強材であることを強調している（図80）。

ほぼ同時期に行われたこの二つの事例では、ともに構造補強を行って現状を変更したが、そこで新たに出現した異物に対して全く正反対の対応を行っている。一方は異物を本体と同化させるように工夫し、もう一方はあえて異物であることを明確化しているのである。これは第三章でみた古色塗りと同様の問題であって、この問題にも正解は存在していない。

現代的な資産としての活用方法の提案なくしては、都市部の近代建築の保存はあり得ない。

図79　旧名古屋控訴院裁判所の補強材．側面に張り出す台形の部分が補強材で，煉瓦タイルを貼り付けて本体と同化．

図80　山形県旧県会議事堂の補強材．L字型の補強材はステンレスの地肌のままで後補材であることを明示．

そして、多くの人が使用する活用用途を設定すれば、安全性の確保のために構造補強を行うことは避けられない。しかし、構造補強の具体的な方法は、歴史的建造物本体の価値評価や活用方法と抵触する場合が多いのである。

山積する課題

今なお膨大な数が残る民家と近代建築をどのように扱っていくかについては、確たる解答は見出されていない。その最大の問題は、建造物としての文化的な価値評価と保存がリンクしにくい点にある。

民家や近代建築においては、都市部に立地するものを中心に、現代的な資産としての活用が保存の必須条件である。活用方法が提案できない場合には、どんなに価値があるものであっても保存は実現しない。しかし、現代的な活用を行おうとした場合には、用途転換による改造や構造補強、あるいは快適性向上のための設備更新が避けられず、現状変更によって大なり小なりその文化的な価値を喪失してしまう。

こうした性格は、社寺や城郭の保存を通じて形成されてきた、現状変更に対して慎重な文化財の議論とは馴染《なじ》みにくいものである。民家や近代建築を巡る動きのなかで、「これまでの文化財保存とは異なるもの」を標榜し、「リノベーション」や「再生」「再利用」という用語を用いた修理が実施されている。これは、文化的価値を守るために構築されてきた面倒な手続きの省略を正当化しようとするものでもある。

こうした動きは、新しい保存のあり方を切り開く可能性もあるが、往々にして工事によって失われてしまう価値に対する意識は稀薄である。活用のために何らかの価値が喪失することは避けられないが、最低限その危険性を自覚しておくことは必要ではないだろうか。

第六章　点から面へ——古都・町並み・都市

古都から町並みへ

第五章で述べたように、近代建築の保存においては、景観への貢献と現代的な活用が重視され、それが保存の可否を決定づけるものとなった。このうち、誰もが日常的に体験できる景観が、市民共有の公共的な資産として捉えられるようになったことの意義は大きい。景観が歴史的建造物を保存する重要な根拠とみなされるようになったのである。

そして、景観を重視すると、都市のなかの点ともいうべき一棟の歴史的建造物ではなく、複数の建造物が建ち並ぶ町並みのような面としての存在がクローズアップされはじめる。

現在では各地に残る歴史的な町並みは、現代の生活空間として維持されつつ、地域の観光資源ともなっている。しかし、歴史的な町並みは自然に残されたものではない。各地で行われた町の生き残りをかけた試みの結果として出現したものなのである。

そうした試みの契機となったのが「古都」である。一九六〇年代半ばに突如として登場した古都という概念は、その後の景観や町並み保存を先導するものとなり、ここでの議論と用いられた手法が後に大きな意味を持つことになった。

古都はかつて都だった場所を指す総称であるが、その代表的な存在は奈良と京都であろう。このうち奈良は、都であったのははるか遠い過去で、しかもその期間も短かった。その意味で、古都としての奈良の記憶は一度忘却されて再発見されたものである。一方、京都は、明治維新まで千年以上もの間、一貫して都であった記憶は現代まで継承されている。

このように奈良と京都は対照的な存在であり、これに鎌倉が加わって、一九六〇年代半ばに古都を巡る議論が巻き起こり、そこから町並み保存の動きは全国に波及していった。本章では、その一連の経緯を振り返ってみたい。

古都奈良の発見

平城京が正式な都であった期間は八世紀の約八十年と短く、江戸時代には都としての記憶はほぼ失われていた。しかし、江戸時代後期に国学が隆盛すると、皇室と地域の歴史に対する考証が行われるようになり、平城京という存在が再発見されるに至った。

本居内遠《もとおりうちとお》（宣長《のりなが》の孫）らに国学を学んだ北浦定政《きたうらさだまさ》（一八一七～七一）は、平城京の街区構成を研究し、一八五二年（嘉永五）の『平城京大内裏跡坪割之図』で、平城京とその宮殿部分である「平城宮」の範囲を推定して提示した。さらに明治に入ると、一九〇七年には、奈良県技師の関野貞（第三章参照）が、平城京の街路網や平城宮の範囲を正確に比定した。

こうして平城京という存在は実体を伴って再発見されたが、中世以降の奈良町や多くの寺院などが所在する部分を旧平城京として捉える見方は拡がらず、跡形もなく失われてしまった宮殿、すなわち平城宮跡への関心が高まっていった。

すでに江戸時代末期には尊皇思想の流れのなかで、かつて天皇が居を構えた「宮址《きゅうし》」への関心が深まり、前述した北浦定政の平城宮研究の動機ともなっていた。そして、明治初期には府県の業務である地誌編纂のなかで、宮址の調査も項目として掲げられていた。その結果として、第四章で触れた一九一九年の史跡名勝天然紀念物保存法では、史跡に該当するものとして宮址を認知するに至っている。

こうした上からの動きの傍らで、地元の棚田嘉十郎《たなだかじゅうろう》（一八六〇～一九二一）らを中心に、民間の平城宮保存の運動も活潑化し、一九一四年には「奈良大極殿《だいごくでん》址保存会」が結成され、政財界の支援の下、平城宮跡の民有地買い取りなどが行われるようになった。そして、こうした活動を背景に、一九二二年に平城宮跡は史跡に指定され、国家による保存が決定した。

その後は、戦後の混乱が終熄するまで、平城宮を巡る動きは停滞していたが、一九五二年に史跡のなかでも特に重要な特別史跡に格上げされ、同時に文化財研究の拠点となる「奈良文化財研究所」が平城宮跡に隣接して設けられた。このようにして平城宮跡は、古都奈良を象徴するシンボル的な地位を徐々に確立していったのである。

この時期までの平城宮跡は依然として多くが民有地だったが、田園風景のなかに農村が散在する状態が保たれていた。しかし、一九五〇年代後半になると住宅地開発が田園と農村部を次第に侵食し、一九六二年には近畿日本鉄道（近鉄）が平城宮跡に検車施設の建設を表明した。

これに対しては各種学術団体は反対声明を発表し、当時の池田勇人《いけだはやと》総理大臣の裁定によって、平城宮跡全域の買い上げが決定した。こうして平城宮跡は国有地化され、学術的な発掘作業と並行しながら、史跡公園として広く開放される方針が定まった。

奈良では他にも若草山《わかくさ》を巡る景観論争もあり、後述する古都法制定の要因となったが、都市全体を対象とした景観や町並み保存を巡る議論は、京都や鎌倉と比較すると、必ずしも顕著ではなかった。古都の議論は平城宮跡に集約され、公園として公共の手で保存する方法が選択されたのである。こうした方向性は、城郭と類似するものといってよいだろう。

そして、一九七〇年代後半になると、「平城宮跡保存整備基本構想」（一九七八年）に基づいて、史跡公園としての平城宮跡の整備が本格化する。

当初、整備公開されたのは、建造物の基礎にあたる基壇（第二次大極殿）や建造物の柱位置を示す植樹（内裏）などである（図81）。これは発掘成果から学術的な正確性をもって提示できるものであったが、その「正しさ」とは裏腹に、分かりにくい地味なものとなった。昭和の平城宮跡は、城下町における天守のようなシンボリックな存在を欠いていて、古都奈良の性格を

図81　平城宮跡．第二次内裏跡の整備．基礎部分の再現と柱跡を表現する植樹．

図82　薬師寺の再現建造物．講堂と金堂．

視覚的に表現する存在ではなかったのである。

一方、同時期に、旧平城京の南西に位置した薬師寺伽藍では、再現建造物を駆使した整備が開始されている。薬師寺には七三〇年（天平《てんぴょう》二）の東塔が残されていたが、他の奈良時代の建造物は全て失われていた。そうした伽藍の状況に対して、建築史研究者の太田博太郎（第五章参照）や大岡實（第三章参照）が関与して、一九七六年に金堂、一九八一年には東塔に倣った西塔、一九八四年に中門が相次いで建設され、奈良時代の伽藍が出現した。奈良においても、再現建造物を用いた歴史性の演出が始まったのである（図82）。

平城宮跡における再現

国有化以降の平城宮跡では発掘調査作業が進捗し、一見しただけでは広大な遊休地にしか見えない状況が出現し、その積極的な活用が課題となり、平城宮跡の整備の方向性は転換点を迫られることになった。そこで、一九七八年の基本構想に謳われていた「古代都城文化を体験的に理解できる場」という記述があらためて重視され、視覚に訴える再現建造物を駆使した整備へと大きく方針が転換されたのである。なお、こうした方針転換は、平城宮跡のみならず、全国の史跡公園でみられたものでもあった。

平城宮跡における最初の本格的な再現建造物は、一九九八年に竣工した「東院」と「朱雀《すざく》門」である。皇太子の居所であった東院では庭園とともに建造物が再現され、平城宮全体の正門であった朱雀門は、二重屋根の姿で左右の塀とともに再現された（図83）。

この二つの再現では、奈良時代の木造技術を想定して使用している。これは、戦災で焼失した首里城正殿と同様の手法である。しかし、戦前まで確かに実在し、写真や図面などの豊富な史料が存在した首里城正殿とは異なり、再現の正確さ、精度はかなり低いものにしかならない。発掘によって確実に明らかとなるのは、基壇や柱礎石など基礎周辺のみで、そこから建築規模や軒の深さなどは判明するが、それ以外の形状については、現存する奈良時代の他の建造物を参照しつつ、仮定を繰り返して推定するしかない。学術的な根拠を有してはいるが、あくまでも蓋然性が高いというレベルにとどまるものである。しかも構造上の安全性のため、推定した奈良時代の技術に現代的な工夫を加えた構法を採用せざるをえない。そのため、一部の建築史

図83　再現された朱雀門.

図84　再現された第一次大極殿.

や文化財関係者が、平城宮跡の再現を痛烈に批判する事態となった。

しかし、二一世紀に入ると平城宮跡の再現はより加速していく。再現建造物のより大胆な採用を記した二〇〇八年の「国営平城宮跡歴史公園基本計画」に従って、二〇一〇年には平城宮の中核施設であった第一次大極殿が再現され、さらにその周囲で回廊や南門・東西楼の再現が実施中で、完成の暁には奈良時代の宮殿全体の姿が出現する（図84）。

こうして再現が進行した平城宮跡は、二〇一〇年に行われた遷都一三〇〇年を祝うイベントの舞台装置となり、日常的にも近鉄線の左右に姿を見せる大極殿と朱雀門は、古都奈良を象徴する存在となった。大規模な再現や舗装に対しては批判もあるが、全体として一定の歴史性を放つものとして承認されているといえよう。

以上のように、古都奈良において、そのイメージ形成の中核を担ったのは広大な平城宮跡であり、史跡という枠組みのなかで行われた歴史性の演出は、城下町における復興天守と同じく再現という手法を用いるものとなったのである。

近代都市京都の風致

奈良とは異なり、京都は八世紀以降、明治維新まで継続して都でありつづけた。江戸時代には、幕府が所在した江戸が実質的な首都となり、京都の地位は相対的には低下したが、江戸時代後期以降には、再びその政治的な地位は高まっている。

第一章で述べた一八世紀末期の京都御所造営は、こうした京都の政治的な地位が反映したものので、そこでは平安時代の内裏の「再現」が行われている。したがって、この時点から歴史性に基づいた古都の演出が行われはじめていたとみなすことも可能だろう。

明治維新後には東京奠都《てんと》によって完全に首都機能を喪失したが、それゆえに古都イメージの演出は加速している。古社寺保存を後援した「保勝会《ほしょうかい》」（一八八一年）や伝統美術の振興を図った「京都美術協会」（一八九〇年）の活動のほかに、平安遷都一一〇〇年に当たる一八九四年前後に行われた一連の行事は、古都としての京都を印象づけるものとなった。特に後者では、平安時代の宮殿を模した「平安神宮」が造営され、第四回内国勧業博覧会や東本願寺の再建も加わって、観光都市としての基盤が形成された（図85）。その集客の源泉となったものこそ、

図85　平安神宮.

民族国家日本で共有される古都イメージに他ならない。

幕末から明治初期のこうした活動を基盤にして、一九〇〇年に初代京都市長の内《ない》貴《き》甚三郎《じんざぶろう》（在任一八九八～一九〇四年）は、「風致保存の必要あり」「名所旧蹟の保存は京都として決して放棄すべからざる」と宣言して、古都イメージの継承を市の方針として掲げている。事実、古社寺保存法や史跡名勝天然紀念物保存法の制定にあたって、京都の果たした役割は大きく、結果としてその指定物件の多数を京都が占めることとなった。

しかし、特別保護建造物や史跡名勝は、広大な京都市街地にあっては点的な存在にすぎず、広い範囲の面的な保存は、大正期までは名勝地の公園化など限られた範囲にとどまっていた。そこで新たに採用されたのが都市計画的な手法である。

都市計画は、無秩序な開発が都市全体の生活環境や機能性を損なうことを防ぐために、一部の私権を制限する仕組みであり、日本では一九一九年に制定された都市計画法に基づいて運用が始まった。この都市計画法に規定された「風致地区」こそ、京都における面的な保全の第一歩となったものである。

京都における風致地区は、名勝地・景勝地を対象とした約三五〇〇ヘクタールから始まったが、やがて京都市街地の西・北・東に位置する山並み全域を対象とするものとなり、現在は一万四三〇〇ヘクタールまで拡大され、中心市街地の背景となる山並みの緑を保全するものとなっている。京都における面的な保存の取り組みは、まず周辺部の自然景観から始まったのであり、ここには、山並みの緑を借景《しゃっけい》として取り込む文化的な感覚も反映している。

古都保存法——京都と鎌倉

戦時下の京都市では直接的な戦争被害は少なく、戦中から戦後の混乱期に建築生産が停止したこともあって、歴史的建造物や町並みの破壊は進行しなかった。しかし、一九五〇年代後半になると、市街地での建て替えは急増し、戦災を免れた町家なども次第に減少したが、建て替えは小規模の敷地ごとに行われ、また高層化の程度も著しくなかったため、急激な景観や環境の変化を招くものではなかった。

図86　京都タワー.

こうしたなか、一九六四年に建設されたのが「京都タワー」である（図86）。京都駅の眼前に建てられた京都タワーは、建築基準法の強い規制を受ける「建築物」ではなく、「工作物」に該当していたため、足下の京都タワービルを加えた総長は一三〇メートルにも及び、京都市中のどこからでもその姿を望める高さとなった。

京都タワー建設に対しては、学術団体などから反対意見が表明され、景観や風致とは何かという問題も提起されたが、建設反対の意見は拡がらず、古都としてのプライドを共有する市民の間でも、京都タワーを巡る議論は盛り上がりを欠いたまま収束した。しかし、同時期に鎌倉で発生した「御谷《おやつ》騒動」がリンクすることで、事態は思わぬ展開を見せはじめる。

鎌倉は、鎌倉・室町時代を通じて東日本の中心的な都市であったが、その地位は江戸時代には低下し、明治以降には東京・横浜に通勤する富裕層の住宅地へと変貌していた。

高級住宅地としてのイメージを得た鎌倉では、一九五〇年代以降に住宅地開発が加速し、京都タワーが竣工した一九六四年には、鎌倉の象徴である鶴岡八幡宮の背後、「御谷」における住宅地開発計画が計画されるに至った。作家の大佛次郎《おさらぎじろう》（一八九七〜一九七三）は、こうした住宅地開発を「昭和の鎌倉攻め」と批判し、鎌倉発の市民運動が結成された。

この市民運動は全国に拡がり、得られた募金で問題の土地を購入して、御谷の住宅地開発の阻止に成功した。なお、このときに結成された市民運動を母体とした「鎌倉風致保存会」は現在も継承されていて、購入した御谷のほか五か所の管理を行っている。

鎌倉の動きは京都や奈良にも飛び火した。京都市北西部の「双《ならび》ケ岡《がおか》」は、古墳群や平安貴族の山荘跡が残る場所で、一九四一年に史跡に指定されていた。しかし、周辺で住宅地開発が進行し、一九六四年以降にはホテルや大学建設が取り沙汰《ざた》され、これに反対する世論が高まった。さらに奈良でも、若草山や東大寺周辺での開発計画への反対運動が始まった。

このように市民運動が広く波及したのは、高度経済成長の弊害が誰の目にも明らかになりつつある時期だったからである。そして、鎌倉や京都の事件が世間の耳目を集め政治問題化するなかで、田川誠一《たがわせいいち》（神奈川選出）・田中伊三次《たなかいさじ》（同京都）・奥野誠亮《おくのせいすけ》（同奈良）という三人の代議士が提出した議員立法で、一九六六年に「古都における歴史的風土の保存に関する特別措置法」（「古都法」）が成立した。

この法律では、古都を「わが国往時の政治、文化の中心等として歴史上重要な地位を有する京都市、奈良市、鎌倉市及び政令で定めるその他の市町村」と定めており、具体的には三市のほかに、神奈川県逗子《ずし》市、大津市、奈良県斑鳩《いかるが》町・天理《てんり》市・橿原《かしはら》市・桜井《さくらい》市・明日香《あすか》村が対象となっている。このように、住宅地開発の問題が顕在化した京都・奈良・鎌倉を総括する概念として、いわば偶発的に古都という括《くく》りが採用されたことは明らかで、そこに住宅地開発の問題を抱える他の市町村が加わる形で、古都法の対象が定められたといってよい。そのため、かつて都でありながら、古都法の対象となっていない市町村も他に存在している。

この古都法が保存の対象としたのは「歴史的風土」である。歴史的風土という概念は、歴史的建造物や遺跡、あるいは自然的環境の存在を前提としてはいるが、あくまでも「土地の状況」を指すものである。大規模な住宅地開発などによって土地の状況が激変することを防止するのが古都法の目的なのである。

都市計画の手法を採用した古都法では、具体的には二種類の区域と地区を設定している。まず「歴史的風土保存区域」は、国・自治体・審議会が一体となって定めるもので、建造物の新築や宅地造成等に対して届出を求めるエリアである。届出制では開発を阻止できないが、事前に察知して開発者と協議を行えるため、一定の効果が期待できる。この歴史的風土保存区域内に設定されるのが「歴史的風土特別保存地区」で、ここでは建造物の新築や宅地造成等には許可が必要となる。許可制は開発を抑止する十分な効力を持ち、さらに土地の買い上げも行える仕組みとなっている。

京都市では、歴史的風土保存区域が一四区域八五一三ヘクタール、歴史的風土特別保存地区は二四地区二八六一ヘクタールとなっており（二〇一六年）、市街地の西・北・東を囲むように配置されている。この配置は、すでに運用されていた風致地区と市街地の中間に位置していて、市街地周辺部での住宅地開発抑制を狙《ねら》ったものであることは明らかである。こうして、京都では大規模住宅開発による古都イメージ喪失の危険性は除去されたのである。

京都の景観保全

京都・鎌倉・奈良では、古都法によって無秩序な住宅地開発に歯止めがかかり、景観や面的に拡がる歴史的な状態を保存するために都市計画の手法が有効であることも確認された。ただし、風致地区や古都法は、市街地の周辺部で今後起きるかもしれない開発を抑制する効果を果たしたが、古都の本体ともいうべき市街地中心部の課題は積み残されたままとなった。この課題は、伝統的な町家が数多く残る京都にとって特に深刻なものだった。

第五章でみたように、一九五〇〜六〇年代には、緊急調査に基づく民家の価値評価が進展している。この調査では農家に力点が置かれたが、都市型住宅である町家についても関心が高まり、同様の形式が軒を連ねる町並みへの関心も高まった。さらに、都市景観が重視されるようになると、現代的な機能を損なわないで町並みを保存することがテーマとなった。

過去の保存と現代的な開発をいかにして両立させるかは、世界中の歴史的都市が抱える課題である。これは個々の建造物や街区だけを見ていては解決がつかない問題で、都市全体の将来像に照らしあわせて、保存および開発を行う場所をそれぞれ確定した都市全体のマスタープランの存在と、その市民による承認が必要条件となる。

京都市では、古都法に先立つ一九六三年に、「京都市総合計画」の試案が作成されたが、オフィシャルなものとはならず、古都法施行後の一九六九年の「まちづくり構想」でようやく発表に至ったが、具体的な施策については進捗を見せなかった。

この停滞状態を打破する契機となったのは外圧である。一九七〇年に、ユネスコ（国際連合教育科学文化機関）が主催する「京都・奈良伝統文化保存国際シンポジウム」が京都で開催され、日本の現状とイタリアなど諸外国の歴史都市の保存事例が紹介された。その内容は新聞紙上で報道され、最終的には、京都市に対して市街地保存に向けた勧告が行われた。さらに同年には、各地の市民団体を中心とした「全国歴史的風土保存連盟」が結成され、歴史的な都市市街地における開発と保存に、世間の注目が集まるようになった。

こうした動向を受けて、一九七二年に京都市が制定したのが、「市街地景観整備条例」である。この条例は、都市計画的な手法を用いて、三つの異なる性格の区域・地区を設定して、京都市市街地中心部に対応しようとしたものである。

三つのうち「巨大工作物規制区域」は、鉄塔・高架道路・高架路線などの巨大な工作物の建設を抑止するもので、既存市街地のほぼ全域をカバーしている。これは京都タワー問題への回答であると同時に、巨大な開発を事前に予防しようとするもので、高架の鉄道や自動車道路が存在しない現在の市街地景観を創り上げたことの意義は大きい。

二つめは、都市美の観点から設定された「美観地区」で、街路沿いの建造物の高さを一二メートルから二〇メートルの間で制限して、都市景観を好ましい方向に誘導しようとするものである。美観地区は、鴨川《かも》周辺や西陣《にしじん》、御所・二条城・本願寺・東寺の周辺、洛央《らくおう》、伏見《ふしみ》などで街路に沿ったエリアを設定しているが、現在では景観を特徴づける要素によってさらに五種に区分され（当初は二種）、総計で約二〇〇〇ヘクタールに及んでいる。

美観地区の設定にあたっては、比較的均質な町家などが並ぶ地区（第一種・第四種）以外に、御所や二条城など中核施設から選択された地区（第二種）や、風致地区や古都法で保存された背景の山並みと調和する地区（第三種）、そして高層の建築物で構成される近代の中心市街地

（第五種）などがあり、多様な視点で景観が規定されている（図87）。しかし、美観地区は、歴史的建造物自体を保存するものではなく、将来的に景観を形成していくために新築建造物の高さ等を規制するものである。

最後の三つめが「特別保存修景地区」で、当初は産寧坂《さんねいざか》地区（五・三ヘクタール）と祇園新橋地区（一・四ヘクタール）の二地区で実施された（図88）。この二地区では、所有者の同意の下で保存対象の歴史的建造物を特定し、現状変更を規制すると同時に修理費を支援するなど、指定文化財に準拠した扱いを行っている。一方、その他の建造物全てに対しては、新築や改築を緩やかに規制すると同時に、新築の建造物の外観を町並み景観に相応しい形状に整える「修景」への助成制度も設けている。

このように特別保存修景地区は、歴史的建造物である町家に着目し、その集合体とし

図87　京都市の美観地区．東西本願寺周辺．

図88　京都市の特別保全修景地区．産寧坂．

ての意義を重視しつつも、それには該当しない新しい建造物も含めて地区として捉え、さらに新しい建造物を修景することで、完成度の高い町並み景観を創りだそうとするものである。修景を行う理念は、新しい建造物が混在する状態を不完全なものとみなし、それを訂正しようとするものである。ただし、ここで目指される完成形は、現代が選び出す理想としての過去であって、実在した本当の過去ではない。こうした修景の特徴は、第四章でみた再現と極めて類似している。修景は町並みのルールに基づいて行われる再現なのである。

以上のように、市街地景観整備条例は、古都イメージを追い求めてきた京都にあって、市街地本体の歴史的な状況の保全を、景観という視点から達成したものとなった。都市計画的な手法を主体としつつも文化財的な方法を取り込み、ほぼ市街地全域を対象として規制・誘導の内容を細かく変えた丁寧なものとなり、全国各地に強い影響を及ぼしていった。

都市美――倉敷

高度経済成長期に進展した伝統的な社会構造の破壊は、一九六〇年代にまず古都を巡る問題で顕在化したが、同様の現象は全国各地で進行していた。都市部では開発による破壊であったが、農村部では過疎によって消滅の危機が迫っていたのである。

古都法を巡る動きと連動して、各地でこうした危機に対する運動が散発的に始まっている。ただし、町並みの特徴、住民組織の性格、危機の内容、行政の能力、将来の方向性などが、それぞれの地区で全く異なっていたため、採用された保存の理念も手法もまた千差万別となった。そこで、まず都市の美観を標榜した倉敷《くらしき》の事例からみてみよう（図89）。

岡山県倉敷市は、江戸時代に幕府直轄の都市として栄え、物資の集積場となった倉敷川畔の周辺には多くの豪商の居宅などの町家が並び建っていた。なかでも、倉敷川畔の終点に位置する大原《おおはら》家は、周辺の新田開発や塩田経営などで財を成し、明治中期以降に当主を務めた大原孝《こう》四郎《しろう》は倉敷紡績や倉敷銀行の経営に成功して、倉敷を代表する財界人となった。その子の大原孫三郎《まごさぶろう》の時代にはさらに業績を拡大すると同時に、大原美術館（一九三〇年開館）を設立するなど、名望家としての地位を確立した。

図89　倉敷市の美観地区．倉敷川畔．

大原家が興した近代産業、特に代官所跡地に一八八九年に建設された紡績工場は、従来の伝統的な景観とは異質なものであり、大原美術館もヨーロッパの神殿を思わせる外観であるから、この時期の大原家の活動は、西洋に倣った近代化の推進であって、倉敷の伝統や歴史に配慮したものではなかった。

戦後になると、産業構造の巨大化への対応のため、倉敷紡績の生産拠点は移動し、倉敷市街地の工場の重要度は相対的に低下した。この変革に対して、大原家当主となった大原總一郎《そういちろう》（一九〇

図90　倉敷民芸館.

九～六八）は、空襲を受けたドイツの中世都市ローテンブルクが過去の姿で再現されたことに感銘を受け、倉敷の町並みを保存することを提唱した。

そして一九四九年には、都市美運動の拠点となる倉敷都市美協会を立ち上げ、民芸運動家の外《との》村《むら》吉《きち》之《の》介《すけ》（一八九八～一九九三）を招聘して、倉敷民芸館を開館している（図90）。日本および諸外国の民芸品を展示する倉敷民芸館は新築ではなく、江戸時代の米蔵を新しい用途に合わせて改修したもので、砂糖問屋を転用した旅館くらしき（一九五七年改修）とともに、町並み保存の始まりを告げる事例となった。

こうして倉敷を訪れる観光客等が増加すると、斜陽産業化しつつあった倉敷紡績の本社工場を閉じて、煉瓦造の工場群を宿泊施設に転用した「倉敷アイビースクエア」を一九七三年にオープンした（図91）。この倉敷アイビースクエアは、地元出身の浦《うら》辺《べ》鎮《しず》太《た》郎《ろう》（一九〇九～九一）が改修設計を担当したものであるが、浦辺は他にも倉敷の町並みの歴史性に配慮したレベルの高い建築を数多く担当し、町並み保存にも大きく貢献した。

なお、一九四〇年代後半に都市美運動が開始された当初には、洋館などの近代建築は、倉敷の町並みに相応しくない夾雑物とみなされて、その破壊が検討されている。一方、一九七〇年

図91　倉敷アイビースクエア（1993年撮影）.
写真：著者撮影，クラボウ（倉敷紡績株式会社）より掲載許諾済み（左），株式会社倉敷アイビースクエアより掲載許諾済み（右）.

代には倉敷紡績の煉瓦造の建築群は、郷愁を誘う歴史的な存在として保存対象となっている。これは、保存対象の評価が短期間で変動した事例である。

このように倉敷の町並み保存は大原家主導で開始されたが、古都を巡る動向が広く知られるようになった一九六五年頃に新たな段階に入っている。一九六七年に、倉敷市は「将来像に関する懇談会報告」をまとめ、そこで倉敷川周辺地区の面的な保存に初めて言及し、翌一九六八年には「倉敷伝統美観保存条例」を制定して、町並み保存を公共の施策とし、翌年には条例に基づく「美観地区」と「特別美観地区」の指定を行っている。

倉敷の美観地区は、新築の規制と誘導を行う京都市の美観地区とは、同じ名称でも内容は全く異なっている。倉敷の美観地区は、地区内の歴史的建造物の保存に力点を置き、むしろ京都市の特別保存修景地区との共通点のほうが多い。

このように都市美あるいは美観という概念は、現在でも確たる共通理解が形成されていない。

当初の倉敷市の美観地区は、所有者と行政が個別に協議を行いながら、町家などの修理に助成を行っており、法的な根拠や強制力を持たない行政指導による事業であった。しかし、これによって町家などの修理が進み、知名度と観光客数は爆発的に増大した。倉敷が全国的な知名度を獲得したのは、実はこれ以降のことである。

以上のように、倉敷における町並み保存は、大原總一郎という名望家の個性が強く反映されたもので、彼のヨーロッパの動向を見据《みす》える視点の先進性と、保存と開発を対立概念として捉えるのではなく、保存による都市の再開発を指向した点が先駆的だったといえよう。

また、使用を終えた近代の工場施設の転用や積極的な観光開発も倉敷の特徴である。都市の美観という価値評価から始まった倉敷の町並み保存であるが、観光資源という別の価値の存在を世に知らしめるものともなったのである。

環境と祭礼——高山

京都や倉敷では、景観あるいは美観といった目に見える要素からの価値評価が、町並み保存の出発点となった。しかし、これとは異なる観点からの取り組みが、結果として町並み保存へと至った事例も存在している。

岐阜県北部、飛驒地方の中心都市である高山は、山間の盆地のなかを南北に流れる宮川沿いに展開している。高山は城下町として建設されたが、江戸時代中期以降には幕府直轄都市となり、一八七九年の人口は約一万四〇〇〇人で、岐阜県最大の都市であった。しかし、一九三四年まで鉄道の開通が遅れて開発から取り残され、江戸時代の状況が色濃く残存する「飛驒の奥座敷」とみなされるようになった。

開発が遅れた高山の魅力があらためて認識される契機となったのは、外部からの評価である。一九五五年に公開された木下恵介《きのしたけいすけ》監督の映画『遠い雲』で、高山は悲恋の舞台となり、その映像美から「美しい町」という評判が広まっていった。また、高山の工芸を高く評価した編集者の花森安治《はなもりやすじ》は、雑誌『暮しの手帖』でしばしば高山を取り上げ喧伝《けんでん》した。その背景には、民芸運動と連動した高いレベルの伝統工芸が存在していたことがあげられよう。

外部からの評価によって知名度が高まりつつあった高山であるが、町並み保存の直接的な出発点となったのは、生活環境の悪化に対抗した住民運動であった。

一九六〇年代の高山では、生活排水流入やゴミ投棄によって、町の中央を流れる宮川の汚染が進行した（図92）。そこで、一九六四年に子供会がゴミ拾いなどの浄化運動を始め、やがて、鯉《こい》の放流と禁漁区の設定、婦人会による合成洗剤の使用自粛も行われるようになり、宮川はかつての清流を取り戻し、その川畔では名物となる「朝市」も開かれるようになった。さらに、一九六五年の岐阜国体に合わせて、町全体の清掃活動も実施され、名実ともに美しい町へと回

図92　高山市を流れる宮川.

図93　高山市三町の町並み.

帰したのである。

こうした環境浄化を巡る取り組みのなかで住民の議論が積み重ねられ、一九六六年には環境・文化・伝統の保持を明記した市民憲章が採択され、環境保全運動は町並み保存運動へと転換していった。その中核となったのが、高山祭の「恵比須台《えびすたい》組」である。祭りの主役ともいえる屋台を保持し、祭りを運営する屋台組の一つである恵比須台組は、町家が建ち並ぶ上三之町《かみさんのまち》の住民がメンバーとなる伝統的かつ強固な町内組織である。ここが中心となって、街路沿いの町家の改築に歯止めをかけるようになったのである（図93）。

そして、一九六八年には、高山市は中部電力と共同して街路沿いの電柱を移設し、さらにこの事業に絡《から》めて損失補償という名目で町家の修理に助成を行い、破損が進行し夾雑物も目立ちはじめていた街路の景観は往事の姿に復帰した。この電柱移設事業は事業額に比較して大きなインパクトがあり、高山に対する外部からの関心は一層高まった。

ちょうどこの時期、高度経済成長で豊かになった日本では、家族あるいは個人単位での国内旅行に目が向けられはじめており、経営不振に陥っていた国鉄は、国内旅行の目的地として各地の歴史的な存在、特に建造物と町並みに着目し、一九七〇年から「ディスカバー・ジャパン」のキャンペーンを開始し、国内旅行の促進に力を注いだ。「美しい日本と私」の副題とともに展開したこのキャンペーンでは、国鉄の全ての駅に、歴史的な町並みのポスターが貼られ、同時期に始まったテレビの旅行番組や女性誌の特集記事等とも連動して大成功をおさめた。そのなかで高山の町並みは広く知れわたり、一九七一年のディスカバー・ジャパン人気投票では知床《しれとこ》に次ぐ第二位となり、一九七六年の観光客数は二〇〇万人を超すまでに至った。

このように高山の町並み保存では、環境保全と伝統文化（祭礼）の維持という住民の日常的な運動が母体となっている。しかし、結果として保存された町並みは、倉敷と同様に観光資源としての意味を強めていったのである。

観光への対処――妻籠

倉敷や高山は、地場産業が存在する比較的富裕な地方都市で、景観や環境といったテーマで独自の取り組みを行う体力があった。一方、過疎化に悩む自治体では、町並み保存は町の存亡をかけた取り組みとならざるをえない。

長野県の木曽地方に位置する南木曽《なぎそ》町の妻籠《つまご》宿は、江戸時代には中山《なかせん》道の宿場であった（図94）。宿場としての機能は明治以降に衰えたが、その後も営林事業や水力発電施設の拠点として一定の活力は維持した。しかし一九五〇年代後半には、地域の集散場としての機能を失い、営林署の廃止と発電施設の無人化も重なって、集落存亡の危機に陥った。

同時期、中山道で妻籠宿の南隣にあたる馬籠《まごめ》宿（岐阜県中津《なかつ》川《がわ》市）は、多くの観光客で賑わっていた。島崎藤村《しまざきとうそん》の生地であり、代表作『夜明け前』の舞台となった馬籠には、一九四七年に開設した藤村記念館もあり、「木曽路はすべて山の中である」を体現できる旧宿場として、多くの文学愛好者が訪れていたのである。

しかし、馬籠宿では、一九六〇年頃に年間来訪者数が一〇万人を超えると、外部資本による観光化が顕在化し、宿場の風情は失われはじめた。観光資源としての認知が魅力の源を破壊してしまったのである。これは、その後に全国各地で一般化する現象である。

馬籠を訪れた外来者のなかには、隣の妻籠まで足を伸ばす者もあり、寂《さび》れた状態にある妻籠を、本来の宿場の状態を残しているとして評価する声もあがった。こうした評価を受けた妻籠

図94　南木曽町妻籠の町並み.

では、馬籠への来訪者を誘引する手立ての検討を始めた。

木曾観光連盟と国鉄による観光診断を経て、一九六四年に妻籠は観光開発の拠点候補地に選定された。翌年には南木曾町も観光開発を町の施策に位置づけ、一九六七年には「南木曾町観光開発指針」「旧中山道整備保存計画書」を策定して、観光開発の基本方針を定めた。そこでは、中山道の詩的情緒・文化財との共存・外部資本の拒絶という三つの柱が表明されているが、これは馬籠の状況を批判的に捉えたものであった。

この方針の下で、脇本陣林《はやし》家住宅を保存しつつ郷土館へ転用し、東京大学の太田博太郎（第五章参照）の指導で町並み調査を実施した。建築史学の研究者に調査を委託するこの方法は、後の町並み保存で一般化するものである。そして一九六八年には、妻籠の全戸が加入する「妻籠を愛する会」が発足し、町並み保存の具体化に着手することになった。

こうして歴史的な町並みを文化財として保存しつつ観光資源としても活用する方針を行政と住民は共有したが、その間も過疎化は進行し、一九六五・六六年と相次いだ大洪水で町並みを構成する建造物は損傷し、いよいよ危機的な状況に陥った。独自財源を欠く南木曾町は長野県への働きかけを強め、その「明治百年記念事業」によって町並み全体の一括修理を実現させた。こうして、洪水被害が大きかった二六棟の建造物は、一九七〇年までの間に一括して修理され、宿場の一部では往事の景観が蘇り、前述の高山と同様にディスカバー・ジャパンで取り上げられ、激増した観光客は年間で六〇万人を超す状況となった。

この状況に対して妻籠は、一九七一年に住民大会を開催して「住民憲章」を決議した。そこでは、売らない・貸さない・こわさない、という三原則を強調し、町並みにそぐわない建造物や、外部資本による大型の宿泊施設や飲食店などの新設を防止して、急激な観光地化に歯止めをかけたのである。

以上のように、妻籠の町並み保存は、急激な過疎化に対する対抗策の一つであり、住民と町が一体となった公共事業としての保存と位置づけられる。町並み保存を推進した町職員が、後には老人福祉施設の誘致運営に傾注している点からも、こうした性格が窺われる。また妻籠では、観光資源としての町並みを強く意識しながらも、行きすぎた観光化による破壊と陳腐化を危惧して、文化財という本物を指向している。歴史的建造物や町並みを観光資源とみなす立場は、保存を実行していくためには必要であるが、何の制約も設けずに観光化を優先すると、本来的な魅力の源泉を失ってしまうことを認識した上での選択といえよう。その後各地の町並み保存では、観光化という、いわば必要悪をどのように内包していくかが課題となるが、妻籠はその試金石となったのである。

伝統的建造物群保存地区へ

これまで、京都・倉敷・高山・妻籠の事例をみてきたが、一九六〇年代以降、日本各地で町並み保存の動きが同時進行している。洋館が点在する神戸市北野《きたの》町、武家屋敷が並ぶ山口県萩市、合掌造の農村集落である岐阜県白川村荻町などがそうした事例で、これらは互いに、町並みとしての性格や重視される文化的な価値が大きく異なり、住民の経済状況や自治体の能力も異なっていたため、試行錯誤のなかで採用した保存の方法も多様なものとなった。

歴史的建造物や町並みの多様な価値を認識し、そのなかから自らの町の将来像に適したものを選び出す行為は地方自治の理念に合致するものであったが、自主財源で町並み保存に取り組める自治体は少数であり、国の法律によって一律的に制限されている事項は、地方の条例や行政指導で緩和することはできず、歴史的建造物の修理や町並み保存の実施を困難なものとしてしまう。これは、建築基準法や消防法によって、伝統的な素材の使用が不可能となる場合などが該当し、そもそも個人の財産である建造物への公金の支出が適切なのかという問題にも不明確な点が残り、自治体による税制優遇も困難であった。

多様な展開をみせた町並み保存であるが、具体的な施策が検討される段階に入ると、国の法律による裏づけ規定がないことは大きな障害となった。そのなかで浮かび上がってきたのが、当時、文化庁に在籍していた伊藤延男《いとうのぶお》（一九二五～二〇一五）らが発案した「伝統的建造物群」の概念である。

一九七五年の文化財保護法改正の際に追加された伝統的建造物群は、「周囲の環境と一体をなして歴史的風致を形成している伝統的な建造物群で価値の高いもの（以下「伝統的建造物群」という）」（第二条）と表現されるものである。すなわち、たとえ建設年代が新しく、それ自体の歴史性は弱くとも、地域の環境のなかで形成されてきた特徴を継承していれば「伝統的建造物」とみなし、それらが構成する一群を文化財と規定したのである。

さらに、この規定はあくまでも建造物のグループの特徴に着目したもので、歴史的に意味を有する領域や、景観的な完結性を示す領域といった土地性にはこだわっていない。そのため、農家と耕作地が一体化した農村集落や、一般住宅のなかに洋館が散在する地域、あるいは街路からは塀と門などの工作物しか見えない武家住宅群など、必ずしも町並みという語が相応しくないものも全て包括することになり、「伝統的」という用語の解釈によって、極めて広い対象を扱える新たな文化財概念となったのである。

伝統的建造物群の保存

伝統的建造物群は、意味する概念も新しかったが、それ以上に保存の手法も、国宝や重要文化財などそれまでの文化財とは大きく異なっている。

従来の文化財では、実態はどうあれ、国が一方的に価値を認めて指定を行い、所有者の現状変更を規制しつつ、修理などに助成する仕組みであった。一方、伝統的建造物群の保存にあっては、独自の町並み保存を実行してきた自治体の試み、特に京都市の特別保存修景地区の手法を念頭に置いて、以下のようなスキームが設定された。

まず、①市町村が学術的な調査を大学等の研究者に委託して実施し、その特性や具体的な価値の所在、あるいは保存にあたっての課題などを明らかにすることから始まる。その内容を基に、②住民と市町村による保存の方向性の検討が行われ、合意形成が終了すると、③市町村は「保存条例」を制定し、④「伝統的建造物群保存地区」の範囲を決定し、住民との合意内容を明確化した「保存計画」を作成する。この内容を都市計画に反映させた後に、⑤市町村の申請に基づいて、国は「重要伝統的建造物群保存地区」（重伝建地区）に「選定」し、そこで行われる修理・修景事業に対して、国から市町村を経由して助成が行われる、というものである。

一読しただけでは理解しにくい複雑な制度となった理由は、先行して町並み保存を実行していた市町村がスムーズに移行できるように配慮したことに加え、多数の関係者の利害調整が必要な町並み保存では、地元にあって住民と直接接する市町村が主役とならざるをえなかったからである。

ここで、もう一度前掲スキームを確認すると、最も重要なのは②合意形成の段階である。ここでは①の調査で示されたさまざまな価値のなかで何を重視していくのか、具体的な規制と助成はどのようなものになるのかが、市町村の財政力や地区の将来の方向性も含めて議論される。そのため、調整が不調に終わり、町並み保存を断念するケースも初期には多くみられた。また③の条例化の段階で、市町村内の他地区からの否定的な意見が問題となる場合も多い。

そして、②の内容を具体化した④の保存地区・保存計画では、所有者の同意を得て伝統的建造物に特定したものが明記され、それ以外の建造物の新築改築に関するルールなども明文化される。ここで特定された伝統的建造物に対しては、文化財に準じた規制と助成がセットで行われることになる。この保存計画の策定を通じて、何をどのように保存するか、逆に何をあきらめるのかが明確に示されることになる。

このように、町並みが有する多様な価値を順位づけして仕分けるものが保存計画であり、その性格は京都市の特別保存修景地区で試みられた内容に相似しているから、京都の事例が参照されたことは間違いないだろう。

なお、明文化された規定は存在しないが、保存地区の決定に際しては全体の八〜九割以上の賛成が求められ、伝統的建造物への特定には所有者の同意が必要である。そのため、保存地区の範囲が狭くなったり、①の調査段階で高く評価された建造物であっても、保存地区の範囲外になるケースや、同意を得られずに一般の建造物と同じ扱いとなって、やがて壊されてしまうケースも生じてしまう。

以上のように伝統的建造物群の保存は、住民と市町村の強い主体性のなかで行われるものであるから、具体的な保存の様相は重伝建地区ごとに全く異なるものとなる。

例えば、京都市の祇園新橋地区は、特別保存修景地区がそのまま移行して、一九七六年に重伝建地区となったものである（図95）。京都では総二階建ての町家が軒を連ねて並ぶエリアは広範囲に及ぶが、そのなかで茶屋が密集する祇園周辺のさらに限定された一画が該当している。重伝建地区は、東西約一六〇メートル・南北約一〇〇メートル・面積約一・四ヘクタールの狭いエリアであるが、総戸数七五戸の実に七割が伝統的建造物に特定されており、残存率の高さがこのエリアに限定された理由であったことが窺われる。そして、残りの三割の一般の建造物に対しても、町並みの特性に合致させる修景が行われたため、現在では街路に沿って並ぶほぼ全ての建造物が伝統的な形態を示すようになっている。

一方、一九八〇年に重伝建地区に選定された神戸市北野町山本通では、約九・三ヘクタールの保存地区の範囲は複雑な形状となっているが、この範囲自体には歴史的な意味はなく、洋館の分布密度から設定されたエリアとなっている（図96）。そのため、伝統的建造物である洋館以外の建造物への規制は弱く、修景も行われていないため、一般市街地のなかに洋館が散在するイメージとなっているが、観光化には積極的である。

図95　京都市祇園新橋の町並み.

図96　神戸市北野町の町並み.

さらに、一九七八年に選

図97　弘前市仲町の町並み.

定された青森県の弘前市仲町《なかちょう》は、かつての武家屋敷地の一画が該当するが、約一〇・六ヘクタールの重伝建地区内には、武家住宅の主屋を継承する伝統的建造物は十棟程度しか存在せず、他は門および塀・生け垣といった街路沿いの工作物が伝統的建造物として特定されている（図97）。ここでは、街路景観と同様に良好な住環境の保全が重視されており、観光化には全く積極的ではない。

このように、保存地区設定の論理も保存計画の内容も地区ごとに異なり、規制の内容と程度、伝統的建造物以外の建造物への規制の度合い、修理などへの助成の金額、修景を行うか否か、そのいずれもが地区ごとに異なっている。重伝建地区は、市町村の主体性が極めて強く、全ての地区で異なる方向性と内容を有するものなのである。

さらに、文化財保護法という法律の裏づけを得た重伝建地区では、個人への補助金支出の疑義はなくなり、建造物所有者に対する税制優遇（固定資産税・都市計画税）・建築基準法の適用緩和・消防法の弾力的な運用が可能となったことの意味も大きい。また、いつでも誰でも見学可能な重伝建地区は公共空間とみなされ、他とは異なる高レベルの街路整備や電柱の移設・埋設、観光施設や防災設備の整備、小型の博物館や公園の設置など、各種公共事業が集中的に実施される場所ともなっていったのである。

都市全域の保全へ——海野宿・大森銀山・函館

一九六〇年代後半から七〇年代前半は町並み保存の勃興期であり、各地で独自の試みが実施された。そうした先進的な試みは、一九七五年に創設された伝統的建造物群制度に集約されて実効力を持ったが、その直後、一九八〇年代に町並み保存は停滞期に入ってしまう。

停滞期となった理由は複合的で、釘《くぎ》一本自由には打てないと誤解された文化財へのアレルギー、根強く残る過去の負の記憶、自治体の財政難、などがあげられるが、何よりもこの時期から始まった好景気のなかでの開発ブームの影響が大きい。

しかし、一九九〇年代にバブル経済が崩壊すると、一転して開発ブームは去り、再び町並み保存に脚光が当たる。これは、他にはない地域の個性を明確に示すものとして、歴史的な町並みが注目されたからで、一九九〇年時点で二九地区だった重伝建地区の総数は、二〇二〇年には一二〇地区となっており、この間、継続して増加したことが確認できる。

重伝建地区が増加した背景には、停滞期の問題が解消されたことに加え、「全国町並み保存連盟」や「全国伝統的建造物群保存地区協議会」の存在もあげられよう。こうした場に参加した市町村担当者や住民団体の間で、町並み保存の実際と運営ノウハウが相互に共有され、新た

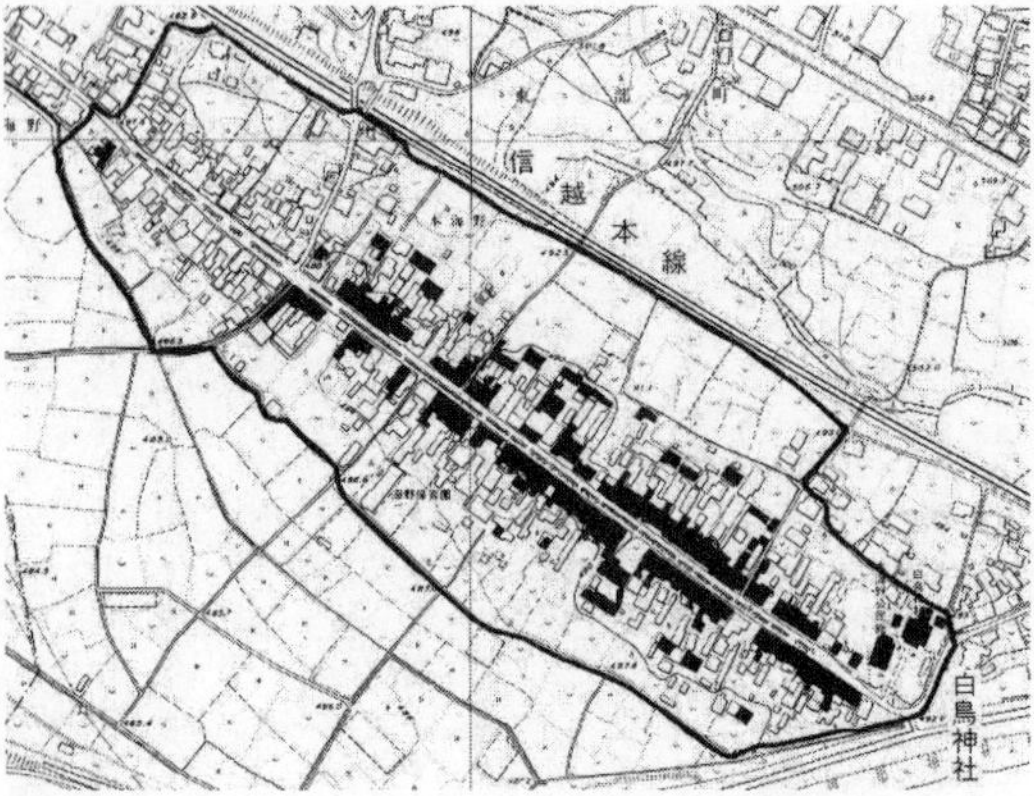

図98　東御市海野宿．重要伝統的建造物群保存地区．囲われているのが重伝建地区の範囲，黒塗が特定された伝統的建造物．
出典：文化庁文化財保護部建造物課編『集落町並みガイド——重要伝統的建造物群保存地区』（1990年）．

に参入しようとする地区の試行錯誤の手間が大幅に軽減されたからである。

この時期には、単に重伝建地区の数が増加しただけでなく、その性格も変化している。

初期の重伝建地区では、数ヘクタール程度の限られた範囲の保存地区を設定していた。これは、伝統的建造物の残存状況が特によく、かつ所有者の同意が得られた範囲のみを対象としたため発生した現象である。しかし、このような地区設定を行うと、広域の町並みの一部を切り取った状態となり、地区内外で住民の意識が分離し、景観も断絶してしまう事態が避けられない。事実、初期の重伝建地区の周辺では、こうした現象が進行している。

これに対して、一九八〇年代後半以降には、歴史的あるいは景観的に意味を持ち、伝統的なコミュニティが機能している一つの単位を、そのまま保存地区として設定する傾向が顕著となっている。これは重伝建地区の規制が比較的緩やかであり、かつその運営主体が市町村と住民であることが周知されて、保存に対する拒否反応が薄れた結果でもある。

一九八七年に重伝建地区に選定された長野県東御《とうみ》市の海野宿《うんの》は、本来の宿場の全域約一三・二ヘクタールを、背後の畑地を含めて保存地区に設定している。そのため、地区の東側四分の三では伝統的建造物が並ぶが、建て替えが進んでいた西側四分の一にはほとんど伝統的建造物は所在していない（図98）。

図99　大田市大森銀山の町並み.

また、同年に重伝建地区となった島根県の大田《おおだ》市大森《おおもり》銀山地区では、江戸幕府直轄の鉱山都市であった市街地全域の約三二・八ヘクタールを、当初から保存地区としていた（図99）。さらに、二〇〇七年に世界遺産となる際に、周囲の山並みの稜線《りょうせん》を新たに境界としたため、現在では保存地区の面積は一六二・七ヘクタールにも及んでいる。

さらに二〇〇四年に重伝建地区となった兵庫県の丹波《たんば》篠山《ささやま》市篠山地区では、かつての城下町のうち、城郭・武家屋敷地・町人地の三つの全く性格の異なるエリア約四〇・二ヘクタールを一括して保存地区としている。そのため、保存計画で定める修理・修景の基準も、武家屋敷地と町人地では異なるものとなっている。

このように、都市内の限られた狭い範囲で始まった町並み保存は、一九八〇年代後半から、停滞期をくぐり抜けて広域の保存を指向するようになった。しかし、広域を対象とした場合には、文化財としての伝統的建造物群という位置づけのみでの運用は限界を迎える。そこで再び参照されたのが、京都市の景観への取り組みであった。前述したように、一九七〇年代に京都市では市域全域を視野に入れたマスタープランを作成し、各地区の特性や将来的な方向性に応じた対応を行ってきた。この手法が、各地に波及しはじめたのである。

函館《はこだて》市の事例をみてみよう。函館は江戸時代末期に開港した港町で、本州への玄関口であると同時にロシアへの窓口としても繁栄し、洋館の他に、一・二階で和洋が折衷《せっちゅう》する独自の住宅建築が特徴となっている。こうした函館の近代建築については早くから評価が進み、一九八三年までに太刀川《たちかわ》家住宅店舗・旧函館区公会堂・函館ハリストス正教会復活聖堂の三棟が重要文化財に指定され、観光資源としても広く認知される状況となっていた。

函館では、一九六〇年代後半から、青函連絡船廃止後の衰退が危惧されており、景観を主軸とした独自の観光化が検討され、市民もその方針を支持していた。そこで具体的な観光地の対象候補となったのが、函館山からの眺望と五稜郭《ごりょうかく》、それに函館山北麓に拡がる港町函館のかつての中核、西部地区の町並みである。

西部地区では、一九八二〜八三年に、伝統的建造物群の調査が実施されたが、その結果、非

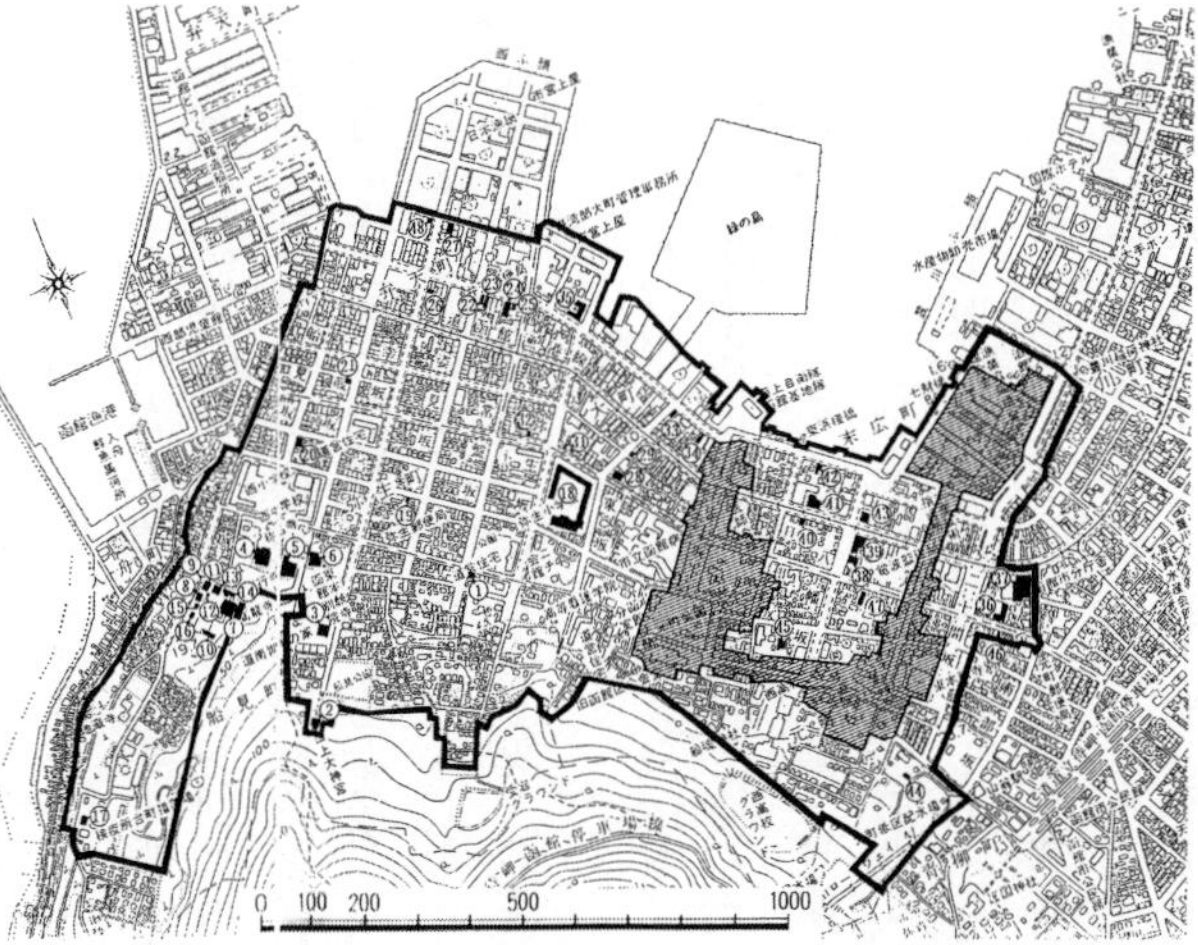

図100　函館市歴史的景観地域．黒線で囲まれた範囲が歴史的景観地域，その内部，右側の網掛け範囲が重要伝統的建造物群保存地区で，重伝建地区外にも景観形成指定建築物等（黒塗表記）が所在する．
出典：『西部地区の歴史と文化をまもり，そだて，つくりあげるために――函館市西部地区歴史的景観条例のあらまし』（函館市・函館市教育委員会，1994年）．

常に広い範囲に特徴的な伝統的建造物が分布していることが判明した。そこから保存の方針が模索され、所有者との協議が繰り返された後、函館市は一九八八年に「函館市西部地区歴史的景観条例」を制定して、保存のための具体的な事業に乗り出した。

その内容は、西部地区のほぼ全域にあたる約一二〇ヘクタールを「歴史的景観地域」とし、さらにその内部を、住宅地・住商複合地・港湾の三つに分類し、それぞれで建造物の高さや意匠を緩やかに規制して景観の保全を目指している（図100）。これは京都市における美観地区と類似した方法であるが、地域内の伝統的な建造物を特定して文化財に準じる方法で保存している点は相違している。さらに、この歴史的景観地域の一画、約一四・五ヘクタールは重伝建地区となっていて、ここでは、特定された伝統的建造物を保存しつつ、全体には比較的強い規制を行い、さらに修景も導入して統一感のある町並みを創り出そうとしている。

このように函館市では、広域の緩やかな規制で新築をコントロールして都市景観を整備すると同時に洋館等の伝統的な建造物を保存し、さらに一部地域は重伝建地区として町並みの保存と修景を行うというスキームを導入している。これは、景観と文化財という二つの観点に立脚しながらも、京都市とはまた少し異なる手法で、都市の広範囲なエリアを保全しようとした試みであった。

都市保全の現況——金沢・東京

元号が昭和から平成に変わった頃、景観に力点を置いた自治体の施策は全国で進展した。この時期にピークを迎えたバブル経済のなか、全国の都市では再開発事業が進行し、そのなかで既存建造物の取り壊しが急速に進んで景観が激変したことが、こうした取り組みを促す要因となったからである。ここでも、明治以来繰り返されてきた、急速な破壊が保存の動機となる構図を確認できる。

また、誰もが日常的に享受できる景観を公共財とみなす思想が、この時期に広く普及したことの意味も大きい。景観というキーワードの重視は、第五章で述べたように近代建築の保存にも大きく作用したが、都市行政においても、景観を主題とした広域の計画を策定することで、都市全体の開発をコントロールする試みが行われるようになったのである。

さまざまな手法を組み合わせて、最も緻密に都市景観にアプローチしたのは金沢市であろう。加賀百万石の大規模城下町であった金沢は、明治以降に災害や戦災を免れたため、城郭をはじめ、武家屋敷地・町人地・寺社地のいずれもがよく残る稀《け》有《う》な事例となっている。

金沢では一九六八年に「金沢市伝統環境保存条例」を制定し、京都市に先行して都市の保全に取り組んできた。そして、その内容を発展的に継承する形で一九八九年に「金沢市都市景観条例」を制定し、さらに一九九四年の「こまちなみ保存条例」など新たな条例を加えて更新しつづけながら現在に至っている。その結果、金沢市では、以下のようなきめ細かな地区設定を行って、都市全域を対象とした景観保全を実施している。

①文化財としての保存を行う比較的強い規制下にある重伝建地区（卯辰《うたつ》山麓・寺町台《てらまちだい》・主計《かずえ》町・東山ひがし）
②伝建地区に準じた内容で修景も行う「茶屋街まちなみ」（一地区）（図101）
③寺社境内を中心に緩やかな規制を行う「寺社風景保全区域」（二区域）
④住民協定に基づく緩やかな規制と伝統的建造物の保存を行う「こまちなみ」（九地区）

⑤公共空間の誘導と修景を行う「景観形成区域」

これに、点在している町家の活用を行う「町家再生活用事業」の対象建造物や、屋外広告物の規制エリア、斜面緑化なども加わり、旧城下町に該当する中心市街地のほぼ全てを何らかの形で対象としている。このように金沢市では、市街地全域を視野に入れて、景観を基軸としながら、歴史的・伝統的な建造物や町並みの保存を行う仕組みを確立したのである。

図101　金沢市．にし茶屋街の町並み．

京都市や金沢市では、歴史的建造物や町並みなどを重視して、景観という課題に取り組んでいるが、新たな景観創造に力点を置いて、建設活動を抑制あるいは誘導することに主眼を据える自治体も多い。

東京都の場合には、バブル崩壊後の一九九四年に「東京都景観マスタープラン」を策定し、東京都の地形や自然環境を念頭において新たな景観を創り上げることを目標として掲げた。歴史的建造物への配慮はそのなかの一要素という位置づけであったが、一九九七年の東京都景観条例では、景観上重要な歴史的建造物を東京都が選定する仕組みを導入した。これは、伝統的建造物のような文化財としての町並み保存ではなく、将来的な都市景観の要として、歴史的建造物を位置づけたものである。

二〇〇四年の景観法は、こうした地方自治体の景観への取り組みに法的な裏づけを与えたものである。同法の規定に基づく景観行政団体は、二〇一八年度末で七三七にも及んでおり、景観の保全と創造は、社会に認知された一大ムーブメントとなったといえよう。

しかし、景観という観点からは、歴史的建造物はその一要素にすぎず、しかも通常望見できる外観のみしか評価の対象とはならない。第五章でみた近代建築のファサード保存はそうした価値観のなかから発生したものであり、景観行政においても、文化財建造物の修理で蓄積されてきた哲学やノウハウが十分に活《い》かされているとはいえないのが事実である。

終　章　日常の存在へ

対象の拡大と概念の拡張

これまで本書では、歴史的建造物に文化的な価値を見出してきた過程と、その具体的な保存方法がどのように変遷してきたかについてみてきた。社寺から始まって城郭・民家・近代建築・町並みへと対象が拡大した背景には、そのときどきの社会構造の変化が反映しており、その意味で、本書は歴史的建造物から日本社会の近代化の道程を追ったものになっている。

そして、近代化という社会現象は現在も継続していると考えれば、新たに価値が見出されて保存の対象となる歴史的建造物が、今なお増加していることに何の不思議もない。

例えば、近代化遺産と総括される、江戸時代後期以降の産業・交通・土木関連の建造物は、規模の巨大さと複数でシステムを構成している点に特徴があり、インフラなどの場合には、建設当初から入念な維持管理が行われていた。

こうした特徴を有する近代化遺産は、建築学中心の視野から抜け落ちていた存在であり、絶え間ない修理と機能更新を行うものであることから、従来からの文化財概念では対処できない性格を有していて、保存方法もまた異なるものとなる。

近代化遺産以外では、近代和風建築への注目も高まっている。近代建築のなかでは、西洋の影響が色濃い洋館や、近代建築学の教育を受けた建築家の作品は早くから注目されてきた。一方、明治以降、昭和初期までに建設された和風建築については、かねて重要性は指摘されてきたが、ようやく全国レベルでの所在調査が完了しつつある状態である。

江戸時代以来の伝統を継承した工匠の技術がピークを迎えたのは、明治から大正にかけての時期で、そのため工芸品的な造作を多用する作りのよさが近代和風建築の特徴となっている。また、伝統に基盤を置きつつも、近代的な使用や価値観への配慮も随所に見られるものでもある。一方、近代和風建築は、その数の膨大さと規模の大きさに加え、精密であるがゆえの構造面の脆弱《ぜいじゃく》さが、保存の課題となっている。

これらに戦後のモダニズム建築も加わって、保存のターゲットとなる対象は拡大しており、さらに世界遺産という国際的な視点も、それまで国内で閉じていた歴史的建造物の文化的な価値評価と保存手法に変更を迫るものとなっている。

一九九二年に日本は世界遺産条約を批准し、翌年から文化遺産と自然遺産の両方で、世界遺産一覧への登録を開始した。この際、一部の欧米の専門家から、日本の木造建築の解体修理や復元という行為は、歴史的建造物を保存するための行為ではなく、新築に該当するのではないかという問題提起がなされた。

その疑念を払拭《ふっしょく》するために開催された「世界文化遺産奈良コンファレンス」(一九九四年)では、オーセンティシティ(文化遺産としての真正性)を中心にした議論が行われ、ヨーロッパとは異なる多様な文化遺産の価値のあり方が再確認され、日本の保存そして復元に対する疑念は払拭された。

しかし、これを契機として日本国内でも、それまで当たり前のものとして疑われることがなかった解体修理や復元に関する議論が深まり、明治以降の歴史的建造物の保存を対象とした研究が急速に進展する状況となった。さらにその過程を通じて深まった関心は、平城宮跡における朱雀門や大極殿の再現への批判的な検証を経て、近年では復元を中心的なテーマに据える「復元学」が提唱される状況ともなっている。

また、原爆ドーム(旧広島県物産陳列館、一九一五年)の世界遺産登録にあたっては、戦災や大災害など「負の記憶」が刻まれた歴史的建造物の評価と修理理念も問題となった。負の記憶という史跡的な観点で捉えられる建造物は、その悲惨な歴史を後世に伝えたいと考えるか、その記憶を一掃したいと考えるかで、保存するか否かが決定されるといってよい。そして、修理にあたっては、負の記憶が生じた時点での姿を保持しつづけるべきなのか、それともそれ以前の姿への復元や活用のための整備を行うべきなのかといった点が問題となる。

原爆ドームにおいても戦後の長い期間、その保存の当否は議論となったし、近年でも、被爆以前の姿への復元が行われた平和記念公園レストハウス（大正屋呉服店、一九二九年）の修理内容を巡っては批判的な意見があり、また、旧陸軍被服支廠《ひふくししょう》（一九一三年）の今後の保存も課題となっている。

負の記憶を象徴する建造物の保存については、二〇一一年の東日本大震災後にも問題が顕在化している。津波で多くの人が亡くなった岩手県の大槌《おおつち》町役場は、保存を巡る激しい議論の末に解体された。一方、宮城県の南三陸《みなみさんりく》町防災対策庁舎は、解体が決定しながら期限つきの留保状態となっている。負の記憶の保存に関する議論は今後も続くだろう。

世界遺産に関しては、当初の文化遺産と自然遺産という二つの範疇《はんちゅう》に加えて、人間と自然の相互作用によって生まれた「文化的景観」という概念が提起され、自然と文化両方の特性を併せ持つ「複合遺産」という範疇が加わったことの意味も大きい。この概念に準拠するように、日本でも文化財保護法が二〇〇四年に改正されて、人間の生活と生業が風土と一体となって創り上げた「文化的景観」が文化財概念に加わり、第六章の末尾で言及した景観法に基づく景観区域のなかから選出される「重要文化的景観」も、すでに全国で六五か所が選定されている（二〇二〇年末現在）。

この文化的景観や近代建築の保存にあたっては、部分的な変更や更新を許容しつつ全体としての特質や価値を保持しようとするインテグリティという概念が重視されるようになっている。

この概念は、今後の歴史的建造物の保存や修理の議論に影響を与えることが予想されるものである。

町づくりへ

このように歴史的建造物を巡っては、概念の拡張や価値の所在を巡る議論が今なお盛んである。しかし、何よりも注目すべき現象は、歴史的建造物を日常的で身近な存在として捉える動きが急速に拡がっていることであろう。

歴史的建造物の破壊が止むことはないが、保存活用する事例は増加し、再現建造物を交えた歴史的な空間の演出も数を増している。これらは観光開発の手段としての一面もあるが、これまで本書で参照してきたような事例を見る限り、地元の生活に根ざした現代の町づくりの核として、歴史的建造物を捉えようとする動きの結果とみなすのが自然であろう。

一九六〇年代後半以降に本格化した各地の町並み保存運動には、当初から良好な生活環境を重要視するものが存在した。そして、妻籠や高山の事例から明らかなように、歴史的建造物以外の有形・無形の文化遺産を、町づくりを行う上での中核的な文化資源として捉えていた。こうした発想は、町並みや建造物に加え、有形無形の各種文化遺産が集中して残存する「文化財集中地区」の発想をもたらし、また、同時期に活潑化した各地の景観への取り組みも、地域ごとに特徴的な歴史的景観を現代の町づくりに用いようとするものであった。

歴史的建造物や町並み、景観などを町づくりに積極的に活用しようとするこうした発想は、二〇〇八年の「歴史まちづくり法（地域における歴史的風致の維持及び向上に関する法律）」に収《しゅう》斂《れん》していく。

歴史まちづくり法のスキームでは、市町村が中心となって策定した「歴史的風致維持向上計画」が中心となる。このスキーム自体は、町並み保存で用いられた重要伝統的建造物群保存地区の保存計画と近似しているが、人材育成や環境への取り組み、祭礼の実行などNPO（非営利団体）が行うソフトな事業も支援対象としている点に特徴がある。また、歴史まちづくり法は、文化庁・国土交通省・農林水産省の三省庁が行政の仕切りを越えて共同で所管しており、歴史的な存在への注目が、多方面に展開していることを示している。

このように近年、歴史的建造物を巡る動きは活潑化しているが、その動きの背景には、一九九六年の文化財保護法改正の際に導入された「登録有形文化財」の存在を指摘できるだろう。この登録有形文化財は、文化的な価値概念の拡張を伴うものではない。それまでの重要文化財が、学術的な判断の下で厳選された数少ない優品を厳格に保存しようとするものであったのに対して、十万棟を越えるオーダーの歴史的建造物を、緩やかな規制の下で残していこうとしたものである。優品厳選主義の重要文化財とは別に、大量の歴史的建造物に網をかけて、そのなかから条件が整ったものが保存されるという仕組みを目指したものなのである。

登録有形文化財は、それまで行われてきた民家緊急調査や近世社寺緊急調査、あるいは近代化遺産・近代和風建築の調査に加えて、日本建築学会編『日本近代建築総覧』(第五章参照)などに記載がある建造物のほぼ全てを対象候補としており、現状変更への規制(外観の三分の一の変更を伴う際の届け出制)と公的な援助がともに緩やかで、所有者の積極的な活用や用途転換を促すものとなっている。これは、歴史的建造物の資産としての活用を進め、各地の町づくりに貢献しようとしたものに他ならない。

こうした緩やかな規制は、積極的な活用が可能となる反面、文化的な価値の喪失を招く恐れもある。近年の安易なリノベーションの弊害については第五章に前述したが、こうした弊害は、実務を担当する設計者や施工者に対して、これまで文化財建造物の修理の際に蓄積されてきたノウハウを提供することによって回避できる。

こうした視点の下で、文化財登録制度と歩調を合わせるように始まったのが、兵庫県の建築士会と教育委員会が合同で主催した「兵庫県ヘリテージマネージャー養成講習会」である。二〇一八年度に第一五期を迎えたこの講習会は、登録有形文化財や地方指定文化財あるいは重伝建地区の建造物などを念頭に置いたもので、日常的な修理や活用のための改修に関わる実務的な知見を建築家に対して提供しようとするものである。

阪神淡路大震災で多くの歴史的建造物が被災した兵庫県でスタートしたこの取り組みは、各地の建築士会を通じて広がり、すでに四五の建築士会が同様の養成講座を実施している。ここで技能を得て人的なネットワークを築いた建築家は、東日本大震災・熊本地震などの復興事業で活躍している。

最後に、文化財等として保存の対象となっている歴史的建造物の総数を確認してみよう。

国宝重要文化財（国指定）　二五三二件・五一二二棟　（二〇二〇年七月現在）
登録有形文化財（国登録）　一万一八八六件　（二〇二〇年七月現在）
都道府県指定文化財　二五三一件・四五二七棟　（二〇二〇年五月一日現在）
市町村指定文化財　九七〇〇件・一万二五五〇棟　（二〇二〇年五月一日現在）

以上、総数で二万六六四九件、一県あたり平均五六七件、一市町村あたり平均一五・五件である。また、重要伝統的建造物群保存地区は、一二〇地区（二〇二〇年七月現在）で、一県あたり二・五地区である。他にも重伝建地区には全体で一万棟近い保存対象の建造物が存在し、重要文化的景観（六五件、二〇二〇年一〇月現在）や各地の景観条例などで保全対象となっている建造物もあるので、その総数はもっと大きな数字、おそらく五万棟を超すだろう。

読者の方々は、この数字に驚かれるのではあるまいか。さらに何らかの学術的な調査に基づく価値評価が行われた建造物はその数倍、十万棟以上に及ぶので、文化財等に指定される歴史的建造物の数は着実に増加していくだろう。また文化財に指定されなくとも、所有者や関係者が価値を見出して保存・活用していく事例は近年急速に増加している。

この多くの歴史的建造物は、これまでずっと存在しつづけてきたものである。ただ、その存在は長く当たり前のものとして見すごされてきた。それが脚光を浴び、現代的な資産、あるいは将来を見据えた町づくりの中核とみなされはじめているのである。

本書でこれまで記述してきたことは、単なる「古ぼけた建物」であったものに、新たな価値を見出して「歴史的建造物」として扱うようになり、その保存の道を模索してきた日本近代の記録である。この長い歩みの結果、歴史的建造物という存在とその魅力、秘めた可能性は、ようやく社会に認知されつつある。

あとがき

文化庁の技官として勤務した後、大学に戻って二十数年が経過した。

現在身を置く東京藝術大学は芸術家の養成機関であり、その建築科（東京藝術大学では建築学科ではなく建築科と呼称している）でも、オリジナリティあふれた建築家の育成をミッションとして掲げている。そうしたなかにあっても、学生たちの歴史的建造物への関心は、以前とは比較にならないほど高まっていることを実感する。

自らテーマを選択する卒業設計などでは、ここ十年の間にスクラップアンドビルドを前提とした思考は姿を消し、歴史的な存在から着想を得たものが急増し、直接的に歴史的建造物の保存・活用をテーマとするものもみられるようになっている。全国の建築系の大学で共通するこの現象は、社会全体の動向を反映したものだろう。

こうした認識に基づいて、主に建築学と美術史学の大学院生を対象として、歴史的建造物の保存をテーマとした講義を、東京藝術大学の他に東京大学や日本女子大学でも行ってきた。本書は、この講義の内容に基づきながらも、歴史に興味を持つ一般の方々に向けて新たに書き下ろしたものである。

内容の骨子は、文化庁に勤務していた時期、特に登録文化財制度の導入に携わっていた一九九六年頃に、調べたことや考えていたことが基本になっている。その意味では、本来ならもっと以前に刊行すべきだったかもしれないが、その後、西村幸夫・清水重敦・山崎幹泰・青柳憲昌など諸氏の研究成果に触発されて考え直した部分も多く、否定的に捉えられることが多かった再現に対する新たな評価などを反映したものとなっている。

一方、本書では、価値の発見のプロセスを日本近現代史のなかに位置づけることをストーリーの基軸にしたため、依然として厳しい歴史的建造物をとりまく現状を深く掘り下げることはかなわなかった。こうした現代的な課題については、後藤治他『都市の記憶を失う前に』(白揚社、二〇〇八年)という良書があるので、それを是非とも参照していただきたい。

最終的に、本書の構想を具体的に検討しはじめたのは二〇一九年である。この年には、首里城やパリのノートルダムの火災があり、また名古屋城天守の建て替え問題など、復元と再現に絡む議論が顕在化した。また、本書を執筆していた二〇二〇年は、世界中がコロナ禍で喘《あえ》ぎ、結果として観光地からは人波が消え失せた。この後、歴史的建造物の捉え方は変わってしまうのか、あるいは元に戻るか、誰にも先行きは見通せない。しかし、いずれの場合にも、これまで歩んできた道程を振り返ることに意味があるように思う。本書がその一助となることを願っている。

二〇二一年一月

光井　渉

主要参考文献

【第一章　歴史の発見】

澤村仁編『日本建築史基礎資料集成　四　仏堂Ⅰ』（中央公論美術出版、一九八一年）
水藤真『棟札の研究』（思文閣出版、二〇〇五年）
中村琢巳『近世民家普請と資源保全』（中央公論美術出版、二〇一五年）
稲垣栄三「式年遷宮の建築的考察」（太田博太郎博士還暦記念論文集刊行会編『日本建築の特質――太田博太郎博士還暦記念論文集』、中央公論美術出版、一九七六年）
山口県編『山口県史　史料編　近世一』（全二冊、山口県、一九九九年）
高柳真三・石井良助編『御触書寛保集成』（岩波書店、一九三四年）
中村昌生『茶室百選』（淡交社、一九八二年）
西和夫「古今伝授の間と八条宮開田御茶屋」（『建築史学』一号、一九八三年一〇月）
伊藤鄭爾『中世住居史――封建住居の成立』（東京大学出版会、一九五八年）
船越誠一郎編纂校訂『浪速叢書　第二　摂陽奇観』（複製版、名著出版、一九七七年。原著は一九二七年）
池田弥三郎他監修『日本名所風俗図会』全一九冊（角川書店、一九七九〜八八年）
河田克博・渡辺勝彦・内藤昌「江戸建仁寺流系本の成立」（『日本建築学会計画系論文報告集』三八三号、一九八八年一月）
河田克博「建仁寺流堂宮雛形の研究」（河田克博編著『近世建築書　堂宮雛形　二　建仁寺流』、大龍堂書店、一九八八年）
加藤悠希「近世における内裏の復元考証」（海野聡編『文化遺産と〈復元学〉――遺跡・建築・庭園復元の理論と実践』、吉川弘文館、二〇一九年）
加藤悠希『近世・近代の歴史意識と建築』、中央公論美術

出版、二〇一五年

【第二章　古社寺の保存】

辻善之助『日本仏教史　近世篇』（全四冊、岩波書店、一九五二〜五五年）

大桑斉『寺檀の思想』（教育社歴史新書、一九七九年）

藤田覚『幕末の天皇』（講談社選書メチエ、一九九四年。講談社学術文庫、二〇一三年）

高埜利彦『近世日本の国家権力と宗教』（東京大学出版会、一九八九年）

浅草寺史料編纂所・浅草寺日並記研究会編『浅草寺日記』（既刊全四〇冊、金龍山浅草寺、吉川弘文館発売、一九七八〜二〇二〇年）

安丸良夫『神々の明治維新——神仏分離と廃仏毀釈』（岩波新書、一九七九年）

大蔵省管財局編『社寺境内地処分誌』（大蔵財務協会、一九五四年）

村上専精・辻善之助・鷲尾順敬共編『新編　明治維新神仏分離史料』（複製版、全一〇冊、名著出版、一九八三〜八四年。原著は一九二六〜二九年）

光井渉『近世寺社境内とその建築』（中央公論美術出版、二〇〇一年）

光井渉『都市と寺社境内——江戸の三大寺院を中心に』（ぎょうせい、二〇一〇年）

丸山宏『近代日本公園史の研究』（思文閣出版、一九九五年）

文部省文化局宗務課監修『明治以後宗教関係法令類纂』（第一法規出版、一九六八年）

奈良国立文化財研究所建造物研究室『奈良県文化財保存事務所蔵　文化財建造物保存修理事業撮影写真』（二〇〇一年）

西村幸夫『都市保全計画——歴史・文化・自然を活かしたまちづくり』（東京大学出版会、二〇〇四年）

清水重敦『建築保存概念の生成史』（中央公論美術出版、二〇一三年）

山崎幹泰「明治前期社寺行政における「古社寺建造物」概念の形成過程に関する研究」（早稲田大学学位論文、二〇〇三年）

関秀夫『博物館の誕生——町田久成と東京帝室博物館』（岩波新書、二〇〇五年）

佐藤道信『〈日本美術〉誕生——近代日本の「ことば」と戦略』（講談社選書メチエ、一九九六年）

鈴木博之・藤森照信・原徳三監修『Josiah Conder——「鹿鳴館の建築家ジョサイア・コンドル展」図録』（増補改訂版、建築画報社、二〇〇九年）

河上眞理・清水重敦『辰野金吾——美術は建築に応用され

ざるべからず』（ミネルヴァ書房、二〇一五年）
鈴木博之編著『伊東忠太を知っていますか』（王国社、二〇〇三年）
志賀重昂『日本風景論』（全二冊、講談社学術文庫、一九七六年、原著は一八九四年初版、一九〇三年増訂一五版）

【第三章　修理と復元——社寺】

清水重敦『建築保存概念の生成史』（中央公論美術出版、二〇一三年）
羽生修二『ヴィオレ・ル・デュク——歴史再生のラショナリスト』（鹿島出版会、一九九二年）
吉田鋼市「新薬師寺の明治修理に関する保存論争と「水谷仙次」」（『日本建築学会計画系論文集』六二〇号、二〇〇七年一〇月）
山崎幹泰「明治前期社寺行政における「古社寺建造物」概念の形成過程に関する研究」（早稲田大学学位論文、二〇〇三年）
後藤武『鉄筋コンクリート建築の考古学——アナトール・ド・ボドーとその時代』（東京大学出版会、二〇二〇年）
水漉あまな・藤岡洋保「滋賀県における古社寺保存法の運用と修理方針」（『日本建築学会計画系論文集』五一八号、一九九九年四月）
大江新太郎「日光廟修理辯疏」（『建築雑誌』三四六・三四七・三四九〜三五一号、一九一五年一〇月〜一六年三月）
内田祥士『東照宮の近代——都市としての陽明門』（ぺりかん社、二〇〇九年）
浅野清『昭和修理を通して見た法隆寺建築の研究』（中央公論美術出版、一九八三年）
浅野清『古寺解体』（学生社、一九六九年）
青柳憲昌『日本近代の建築保存方法論——法隆寺昭和大修理と同時代の保存理念』（中央公論美術出版、二〇一九年）
『建築と社会』法隆寺問題特集号（三三巻一〇号、一九五二年一〇月）
岡田英男『日本建築の構造と技法——岡田英男論集』（全二冊、思文閣出版、二〇〇五年）
服部文雄「建造物の保存と修理」（『佛教藝術』一三九号、一九八一年一一月）
修理工事報告書
新薬師寺（一九九六年）・唐招提寺金堂（二〇〇九年）・浄瑠璃寺本堂（一九六七年）・東大寺大仏殿（一九八〇年）・平等院鳳凰堂（一九五七年）・法隆寺東大門（一九三四年）・法隆寺伝法堂（一九四三年）・法隆寺金堂（一九五六年）・當麻寺本堂（一九六〇年）・中山法華経寺祖

師堂（一九九八年）・大報恩寺本堂（一九五四年）・明通寺本堂（一九五七年）

【第四章　保存と再現――城郭】

井上宗和編『日本城郭全集』（全一〇冊、日本城郭協会、一九六〇～六一年）
富原道晴『富原文庫蔵　陸軍省城絵図――明治五年の全国城郭存廃調査記録』（戎光祥出版、二〇一七年）
兵庫県立歴史博物館編『城郭のデザイン――特別展　国宝姫路城原図展』（兵庫県立歴史博物館、一九九四年）
松本市教育委員会編『国宝松本城』（松本市教育委員会、一九六六年）
田中正大『日本の公園』（鹿島研究所出版会、一九七四年）
徐旺佑「近世城郭を中心とした歴史的記念物の保存手法と整備活用に関する研究」（東京藝術大学学位論文、二〇一〇年）
佐藤佐『日本建築史』（文翫堂、一九二五年）
岡本良一他『大阪城400年』（大阪書籍、一九八二年）
中村博司『大坂城全史――歴史と構造の謎を解く』（ちくま新書、二〇一八年）
大阪府近代化遺産（建造物等）総合調査委員会、日本建築家協会近畿支部、編集工房レイヴン調査・編集『大阪府の近代化遺産――大阪府近代化遺産（建造物等）総合調査報告書』（大阪府教育委員会、二〇〇七年）
文化財保護委員会編『戦災等による焼失文化財　建造物篇』（全三冊、文化財保護委員会、一九六四～六六年）
野々村孝男『首里城を救った男――阪谷良之進・柳田菊造の軌跡』（ニライ社、新日本教育図書発売、一九九九年）
木下直之『わたしの城下町――天守閣からみえる戦後の日本』（筑摩書房、二〇〇七年。ちくま学芸文庫、二〇一八年）
海洋博覧会記念公園管理財団総監修『琉球王府首里城』（ぎょうせい、一九九三年）
静岡県掛川市教育委員会社会教育課監修『掛川城復元調査報告書』（静岡県掛川市教育委員会社会教育課、一九九八年）
『長崎市　出島・南山手地区基本計画策定調査報告書』（長崎市、一九八四年）
西和夫『長崎出島オランダ異国事情』（角川叢書、二〇〇四年）
長崎市・長崎市教育委員会編『国指定史跡「出島和蘭商館跡」保存活用計画』（改訂版、長崎市教育委員会、二〇一七年）
海野聡『古建築を復元する――過去と現在の架け橋』（吉川弘文館、二〇一七年）
文化財建造物保存技術協会編『特別史跡熊本城跡総括報告

書』(熊本市熊本城調査研究センター、二〇一六年)

修理工事報告書

熊本城宇土櫓(一九九〇年)・大洲城台所櫓他(一九七〇年)・犬山城天守(一九六五年)・小諸城大手門(二〇〇八年)・松本城天守(一九五五年)・松江城天守(一九五四年)・掛川城御殿(一九七六年)・旧細川刑部邸(一九九六年)

【第五章　保存と活用――民家・近代建築】

民家研究会編『民家』(復刻版、全二冊、柏書房、一九八六年。原著は一九三六年)

今和次郎『日本の民家』(相模書房、一九五八年。岩波文庫、一九八九年。原著は一九二二年)

黒田鵬心編『東京百建築』(建築画報社、一九一五年)

堀越三郎『明治初期の洋風建築』(小滝文七、一九二九年)

藤井恵介・角田真弓編『明治大正昭和建築写真聚覧』(文生書院、二〇一二年。原著『明治大正建築写真聚覧』は一九三六年)

鳥海基樹・西村幸夫「明治中期における近代建築保存の萌芽――「我国戦前における近代建築保存概念の変遷に関する基礎的研究」その1」(『日本建築学会計画系論文集』四九二号、一九九七年二月)

玉井哲雄編『よみがえる明治の東京――東京十五区写真集』(角川書店、一九九二年)

文化庁監修、太田博太郎他編著『民家のみかた調べかた』(第一法規出版、一九六七年)

太田博太郎『白馬村の民家』(長野県教育委員会、一九六四年)

『岩手県の民家　文化財建造物特別調査報告書』(文化財保護委員会、一九六四年)

関野克監修『日本の民家』(全八冊、学習研究社、一九八〇~八一年)

大野敏『民家村の旅』(INAX、一九九三年)

西川創他「おはらい町の町並み保存再生」(『建築雑誌』一三九三号、一九九六年八月)

日本建築学会編『近代日本建築学発達史』(丸善、一九七二年)

太田博太郎『歴史的風土の保存』(彰国社、一九八一年)

『建築雑誌』「特集　検証・三菱一號館再現」(一五九八号、二〇一〇年一月)

赤レンガの東京駅を愛する市民の会編『赤レンガの東京駅』(岩波ブックレット、一九九二年)

日本建築学会編『日本近代建築総覧――各地に遺る明治大正昭和の建物』(新版、技報堂出版、一九八三年)

『建築記録/中京郵便局』(郵政大臣官房建築部、一九七九年)

後藤治・オフィスビル総合研究所「歴史的建造物保存の財源確保に関する提言」プロジェクト『都市の記憶を失う前に――建築保存待ったなし！』（白揚社、二〇〇八年）

テオドール・H・M・プルードン著、玉田浩之編訳『近代建築保存の技法』（鹿島出版会、二〇一二年）

鈴木博之『現代の建築保存論』（王国社、二〇〇一年）

加藤耕一『時がつくる建築――リノベーションの西洋建築史』（東京大学出版会、二〇一七年）

修理工事報告書

箱木家住宅（一九七九年）・東京駅丸ノ内本屋（二〇一三年）・旧札幌農学校演武場（一九九八年）・旧近衛師団司令部庁舎（一九七八年）・同志社礼拝堂（一九九〇年）・旧名古屋控訴院地方裁判所区裁判所庁舎（一九八九年）・山形県旧県庁舎及び県会議事堂（一九九一年）

【第六章　点から面へ――古都・町並み・都市】

関野貞「平城京及大内裏考」（『東京帝国大学紀要』、一九〇七年六月）

山岸常人「文化財「復原」無用論――歴史学研究の観点から」（『建築史学』二三号、一九九四年九月）

海野聡『古建築を復元する――過去と現在の架け橋』（吉川弘文館、二〇一七年）

奈良国立文化財研究所編『平城宮朱雀門の復原的研究』（一九九四年）

奈良国立文化財研究所編『平城宮第一次大極殿の復元に関する研究　一～四』（二〇〇九～一〇年）

水漉あまな・藤岡洋保「古社寺保存法成立に果たした京都の役割」（『日本建築学会計画系論文集』五〇三号、一九九八年一月）

福島信夫・板谷（牛谷）直子・李明善他「京都市における風致地区指定の変遷に関する研究――風致地区が歴史都市京都の保全に果たした役割」（『都市計画論文集』四三-三巻、二〇〇八年一〇月）

中嶋節子「昭和初期における京都の景観保全思想と森林施業――京都の都市景観と山林に関する研究」（『日本建築学会計画系論文集』四五九号、一九九四年五月）

苅谷勇雅「都市景観の形成と保全に関する研究」（京都大学学位論文、一九九四年）

大西國太郎『都市美の京都――保存・再生の論理』（鹿島出版会、一九九二年）

『普請研究』「飛驒高山のそふとな町づくり」（一四号、一九八五年）

『普請研究』「妻籠宿　小林俊彦の世界」（二一号、一九八七年）

太田博太郎・小寺武久『妻籠宿　保存・再生のあゆみ』（南木曾町、一九八四年）

文化庁文化財保護部建造物課編『集落町並みガイド――重要伝統的建造物群保存地区』（文化庁、一九九〇年）
大河直躬編『都市の歴史とまちづくり』（学芸出版社、一九九五年）
宮澤智士編、三沢博昭写真『町並み保存のネットワーク』（第一法規出版、一九八七年）
西村幸夫『町並みまちづくり物語』（古今書院、一九九七年）
大河直躬編『歴史的遺産の保存・活用とまちづくり』（学芸出版社、一九九七年）
『金沢景観　五十年のあゆみ』（金沢市都市整備局景観政策課、二〇一八年）
『西部地区の歴史と文化をまもり、そだて、つくりあげるために――函館市西部地区歴史的景観条例のあらまし』（函館市・函館市教育委員会、一九九四年）
伝統的建造物群調査報告書
　京都市産寧坂（一九九五年）・京都市祇園新橋（一九九二年）・神戸市北野町山本通（一九八二年）・弘前市仲町（一九七六年）・東御市海野宿（一九七八年）・大田市大森銀山（一九九八・二〇〇九年）・篠山市篠山（二〇〇四年）・函館西部地区（一九八四・八五年）

【終章　日常の存在へ】

Knut Einar Larsen, *Architectural Preservation in Japan*, ICOMOS International Wood Committee, Paris, 1994.
ユッカ・ヨキレット著、益田兼房監修、秋枝ユミイザベル訳『建築遺産の保存――その歴史と現在』（アルヒーフ、すずさわ書店発売、二〇〇五年）
マルティネス・アレハンドロ『木造建築遺産保存論――日本とヨーロッパの比較から』（中央公論美術出版、二〇一九年）
海野聡編『文化遺産と〈復元学〉――遺跡・建築・庭園復元の理論と実践』（吉川弘文館、二〇一九年）
野村俊一・是澤紀子編『建築遺産　保存と再生の思考――災害・空間・歴史』（東北大学出版会、二〇一二年）

光井 渉（みつい・わたる）

1963年（昭和38年），広島県に生まれる．東京大学工学部建築学科卒業．東京大学大学院工学系研究科建築学専攻博士課程中退．博士（工学，東京大学）．文化庁文化財保護部文部技官，神戸芸術工科大学助教授などを経て，現在，東京藝術大学美術学部建築科教授．専門は日本建築史，文化財保存．

著書『建物の見方・しらべ方　江戸時代の寺院と神社』（共編，ぎょうせい，1994年）
『近世寺社境内とその建築』（中央公論美術出版，2001年．建築史学会賞）
『カラー版　建築と都市の歴史』（共著，井上書院，2013年）
『日本の伝統木造建築　その空間と構法』（市ヶ谷出版社，2016年．日本建築学会著作賞）
『日本木造建築事典　構法の歴史』（共編，朝倉書店，2018年）
ほか

日本《にほん》の歴史《れきし》的《てき》建造物《けんぞうぶつ》
中公新書 *2633*

2021年2月25日発行

著　者　光井　渉
発行者　松田陽三

本文印刷　暁　印　刷
カバー印刷　大熊整美堂
製　　本　小泉製本

発行所　中央公論新社
〒100-8152
東京都千代田区大手町1-7-1
電話　販売　03-5299-1730
　　　編集　03-5299-1830
URL http://www.chuko.co.jp/

Published by CHUOKORON-SHINSHA, INC.
Printed in Japan　ISBN978-4-12-102633-0 C1252

中公新書刊行のことば

一九六二年一一月

いまからちょうど五世紀まえ、グーテンベルクが近代印刷術を発明したとき、書物の大量生産は潜在的可能性を獲得し、いまからちょうど一世紀まえ、世界のおもな文明国で義務教育制度が採用されたとき、書物の大量需要の潜在性が形成された。この二つの潜在性がはげしく現実化したのが現代である。

いまや、書物によって視野を拡大し、変りゆく世界に豊かに対応しようとする強い要求を私たちは抑えることができない。この要求にこたえる義務を、今日の書物は背負っている。だが、その義務は、たんに専門的知識の通俗化をはかることによって果たされるものでもなく、通俗的好奇心にうったえて、いたずらに発行部数の巨大さを誇ることによって果たされるものでもない。現代を真摯に生きようとする読者に、真に知るに価いする知識だけを選びだして提供すること、これが中公新書の最大の目標である。

私たちは、知識として錯覚しているものによってしばしば動かされ、裏切られる。私たちは、作為によってあたえられた知識のうえに生きることがあまりに多く、ゆるぎない事実を通して思索することがあまりにすくない。中公新書が、その一貫した特色として自らに課すものは、この事実のみの持つ無条件の説得力を発揮させることである。現代にあらたな意味を投げかけるべく待機している過去の歴史的事実もまた、中公新書によって数多く発掘されるであろう。

中公新書は、現代を自らの眼で見つめようとする、逞しい知的な読者の活力となることを欲している。

地域・文化・紀行

t1